LOANA LOSCIALPO

BASTA LITIGARE 3C

Tecniche e Strategie Per Prevenire I Conflitti, Gestire La Rabbia e Farsi Valere In 3 Passi Col Metodo Delle 3C

Titolo

"BASTA LITIGARE 3C"

Autore

Loana Loscialpo

Editore

Bruno Editore

Sito internet

http://www.brunoeditore.it

Tutti i diritti sono riservati a norma di legge. Nessuna parte di questo libro può essere riprodotta con alcun mezzo senza l'autorizzazione scritta dell'Autore e dell'Editore. È espressamente vietato trasmettere ad altri il presente libro, né in formato cartaceo né elettronico, né per denaro né a titolo gratuito. Le strategie riportate in questo libro sono frutto di anni di studi e specializzazioni, quindi non è garantito il raggiungimento dei medesimi risultati di crescita personale o professionale. Il lettore si assume piena responsabilità delle proprie scelte, consapevole dei rischi connessi a qualsiasi forma di esercizio. Il libro ha esclusivamente scopo formativo.

Sommario

Prefazione (di Rosanna Marani)   pag. 5

Introduzione   pag. 9

Capitolo 1: Come prevenire i litigi   pag. 14

Capitolo 2: Come gestire la rabbia   pag. 48

Capitolo 3: Come ascoltare per non litigare   pag. 75

Capitolo 4: Il linguaggio zero equivoci   pag. 104

Capitolo 5: Come discutere senza litigare   pag. 132

Conclusione   pag. 165

Dedicato a mia madre e a mia figlia Maelle

Prefazione
(di Rosanna Marani)

Il perenne dissidio tra l'ego e l'io parte dal pregiudizio di sé. È un tiro alla fune costante tra la nostra luce e la nostra ombra.

Loana, una creatura pensante, sì, una creatura che riflette prima di pensare, ci indica la strada, la via maestra per domare la nostra rabbia che scoppia nel litigio e ci spezza storie di amicizie, di rapporti, di amori, di affetti.

Noi, in realtà, non conosciamo. Noi congetturiamo. Noi interpretiamo gli altri e la loro realtà. E siamo talmente supponenti da non averne consapevolezza. Infatti ci permettiamo l'arroganza del giudizio.

Occorre coraggio per spogliarsi dalla pervicace convinzione che noi siamo sempre migliori di chi ci sta di fronte. Sbagliare noi? No, semmai compiamo errori di malafede in perfetta buonafede. Il traguardo da raggiungere che ci indica Loana è l'empatia. Indossare i sentimenti e il vissuto dell'altro.

Loana, coach di assertività, riesce con maestria e dolcezza al tempo stesso a penetrare nella nostra confusione interiore, al fine di aiutarci a districare la matassa che ci ingarbuglia.

Loana ci spiega con molta pazienza come interagire con noi stessi e poi ci insegna come interagire con gli altri, in modo da discutere serenamente e farsi rispettare salvando al tempo stesso le relazioni.

Lei ci insegna a correggere gli errori che tutti noi compiamo, quando spalanchiamo le fauci per affermare la nostra supremazia. Sono convinta che sia la frustrazione la matrice di ogni nostro errore di valutazione e di comportamento. La vita è un errore che tentiamo di correggere ogni giorno con quello che impariamo dall'errore.

Ma dobbiamo essere discepoli attenti, scrostare le picche del nostro carattere ed applicarci a scoperchiare il nostro vaso di

Pandora per ottenere quella tranquillità che dà pace e che ci permette di comprendere l'animo altrui.

L'errore di valutazione presenta il conto da pagare. Ed è un conto salatissimo. Personalmente, mi dico: "Bene, così impari." Ma ahimè non imparo mai. Faccio errori vecchi con persone nuove.

Credo che ogni nostro errore abbia un nome e un cognome, come scrive Loana. Il suo si chiama Angela. E da Angela, parte il suo viaggio esplorativo che esamina il sistema da lei stessa ideato e che coinvolge i tre piani di ogni persona, descritti come le basilari 3C: Cervello, Cuore, Comunicazione.

Le parole sono importantissime, i limiti del nostro mondo sono i limiti del nostro linguaggio. Chi vorrebbe immaginarsi come una Erinni, Aletto, Megera e Tisifone, furiosa e vendicativa per l'onta subita (il non darci ragione e chinare il capo all'istante!) da chi ci provoca e che noi a nostra volta provochiamo? No, non reputo che ci soddisferebbe "vederci" in tale guisa.

Loana ci aiuta a eliminare gli zavorranti conflitti che ci strappano la pelle del cuore e ci riducono a brandelli la mente. E lo fa senza alcuna albagia, ma raccontando genuinamente sè stessa e le vittorie che lei e gli altri hanno ottenuto con le strategie contenute nel libro.

Loana ci dona un manuale preziosissimo che assimilo ad una dolorosa ma meravigliosa Via Crucis a cui sottostare, per liberarci dalla croce del nostro egotismo e vivere una vita felice e relazioni appaganti.

Basta Litigare!

Grazie Loana.
Rosanna Marani
Bestseller Amazon
1° Premio "Alda Merini" per la poesia (2013)
Giornalista, poetessa, conduttrice televisiva

Introduzione

Sai che puoi farti rispettare senza litigare e mantenendo buoni rapporti con tutti? Se tieni alle tue relazioni, detesti litigare e al tempo stesso vuoi farti valere, questo libro è per te. Leggilo più volte e soprattutto mettilo in pratica. Trasformerà letteralmente la tua vita. È ciò che è già successo alle tantissime persone che hanno applicato le strategie contenute in questo volume: ora si fanno valere, hanno una vita serena e relazioni appaganti.
Lo vuoi anche tu?

Mi chiamo Loana Loscialpo e sono coach di assertività, che è la capacità di affermare sé stessi senza distruggere gli altri. E in questo viaggio sarò il tuo coach. Sarò sempre al tuo fianco. Perché lo faccio? Perché non voglio che tu commetta i miei stessi errori. E che errori... enormi.

Alcune relazioni cui tenevo sono purtroppo andate in frantumi per sempre. Cosa avrei dato per sapere quello che sto per dirti. Quante lacrime amare mi sarei risparmiata.

Purtroppo invece non ho avuto nessuna guida e ho pagato a caro prezzo i miei sbagli. Con il mio comportamento ho allontanato persone che amavo. Quando ho capito dove avevo sbagliato, era troppo tardi. La relazione era ormai distrutta. Cosa mi rimaneva? Nulla. Solo tanti sensi di colpa e rimpianti. E, soprattutto, un immenso dolore.

Il mio errore più grande si chiama Angela. Pronuncio questo nome e nella mia mente riappare nitidamente il suo viso. Ed ecco che accade di nuovo. Proprio ora, mentre scrivo.

Mi assale l'emozione. È un pugno nello stomaco. Fortissimo. Ancora, dopo tutto questo tempo. Pazzesco. Pensa, è successo ben vent'anni fa. Venti anni. E la stretta allo stomaco sale. Ora è arrivata alla gola, e mi spezza il fiato, gli occhi si inumidiscono, mi scende una lacrima.

Chiudo gli occhi. Sono di nuovo lì, in quel bar di Parigi. Io e Angela, appena diciottenni: io, lei e tutti i compagni di classe.

Gita dell'ultimo anno del liceo: gli scherzi, le risate e poi quel fulmine a ciel sereno. Io e Angela cominciammo a discutere. Sciocchezze, nulla di particolare. La situazione precipitò e litigammo. Anzi, lo ammetto, in realtà feci tutto io.

All'epoca avevo un carattere molto rigido, ero permalosa e intransigente. Me la presi subito. La cosa buffa e tragica al tempo stesso è che non ricordo neanche più il motivo della lite. Lo so che è assurdo, un'amicizia distrutta e non si sa nemmeno il perché... ma è proprio così. Lei non capiva come mai mi agitassi tanto, e più non capiva, più io pretendevo di avere ragione. Altro grave errore. Le cose peggiorarono ancora, non ci parlammo più e da quella volta non ho più rivisto Angela.

Quando ci ripenso, mi vergogno come una ladra. Se solo non fossi stata così severa, testarda, irremovibile... Se avessi cercato di capirla... Se mi fossi messa nei suoi panni. Se... se... e intanto mi scende un'altra lacrima, la lascio scorrere, lava via i miei rimpianti. È da quel momento che ho cominciato a lavorare su di me per non commettere più gli stessi sbagli. Ed è così che lentamente è nato Basta Litigare 3C. Un metodo per prevenire i conflitti, gestire la rabbia e farsi valere senza distruggere le relazioni. L'ho chiamato 3C perché il sistema coinvolge i tre piani di ogni persona:

1) Cervello/Convinzioni
2) Cuore
3) Comunicazione

La prima C riguarda il *cervello*: perché? Perché per imparare a gestire i conflitti è necessario innanzitutto cambiare mentalità e acquisire nuove convinzioni. Nella parte dedicata a quest'organo scoprirai quali sono gli errori che ti fanno litigare con chiunque. In particolare, ti svelerò i segreti per ridurre i litigi (e anzi farti amare dalle persone) e per vivere più sereno.

La seconda C riguarda il *cuore*, ossia la gestione della rabbia. In questa parte scoprirai qual è la vera causa della rabbia e imparerai a trasformare la collera in energia positiva.

Infine, l'ultima C riguarda la *comunicazione*. Ce ne occuperemo alla fine perché per relazionarsi con gli altri nel miglior modo possibile è necessario prima aver sviluppato la giusta *forma mentis* e aver imparato a gestire le proprie emozioni.

Nella parte dedicata alla *comunicazione* scoprirai l'errore che quasi tutti facciamo quando parliamo con qualcuno. Imparerai a usare il linguaggio di precisione per evitare le incomprensioni.

Questo è il percorso che ho preparato per te. È il frutto di oltre vent'anni di appassionate ricerche e soprattutto sperimentazioni sul campo. Accetta questo mio regalo. Sono qui per aiutarti a vivere una vita meravigliosa. La vita che ti meriti.

Sei pronto? Via, partiamo!

Buona lettura!
Loana Loscialpo

Se il tuo obiettivo è farti valere mantenendo buoni rapporti con tutti, ho preparato per te questo test a cui puoi accedere gratuitamente inserendo i tuoi dati al seguente link: https://formatt.lpages.co/optin/. Il test ti sarà inviato in due parti, con due email.

Capitolo 1:
Come prevenire i litigi

Il nostro viaggio comincia dalla prima C del Metodo, ossia il CERVELLO. In questo capitolo infatti scoprirai qual è la giusta mentalità per prevenire i conflitti. Sì, perché per evitare inutili litigi bisogna "cambiare testa". Vedere le cose da un'altra prospettiva.

"Il vero viaggio di scoperta non consiste nel cercare nuove terre, ma nell'avere nuovi occhi" (Marcel Proust).

Il punto dunque è che per cambiare (e migliorare) i rapporti con gli altri è necessario prima di tutto cambiare le nostre convinzioni. Cosa sono le convinzioni? Non sono semplicemente idee "che è bene avere".

Le convinzioni agiscono a un livello molto più profondo; sono infatti *percezioni* della realtà che si sono formate sulla base delle vicende che abbiamo vissuto. Bada bene, *non* sono la realtà. Pertanto variano da persona a persona.

Al momento della nascita nessuno ha delle convinzioni. Esse infatti si formano con il passare degli anni, man mano che facciamo esperienza del mondo: le "assorbiamo" dalla famiglia, dagli amici, dalla società in cui viviamo. Entro i sette anni, in genere, nella nostra mente le principali convinzioni si sono già formate.

Tutti abbiamo delle convinzioni su ogni cosa: sul denaro, su quello che siamo capaci di fare, su quello che meritiamo di avere, persino sulle persone che ci circondano.

Posso capire quali sono le tue convinzioni semplicemente guardando la tua casa, la tua auto, i tuoi vestiti e tutto ciò che possiedi; oppure osservando i libri che leggi o i programmi televisivi che segui.

Riesco a farmi un'idea di quello che pensi di meritare dalla vita vedendo come interagisci con gli altri: il tuo partner, i tuoi figli, i tuoi amici, i tuoi colleghi. In definitiva, da tutto ciò che fai e che hai emerge il tuo sistema di convinzioni. Sono infatti queste a determinare il nostro comportamento.

Ciò che crediamo, qualunque cosa sia, influenza il modo in cui reagiamo di fronte alle persone e alle situazioni. I pensieri si trasformano in sensazioni e le sensazioni in azioni. Prendi me, ad esempio: quando ho deciso di scrivere il libro che stai leggendo mi sono detta: "Sì, lo posso fare!". E questa convinzione mi ha motivato al massimo. Mi ha sorretto nei momenti difficili (e sono stati molti, te lo assicuro).

E sai cosa è successo? Ogni volta che mi ripetevo: "Sì, lo posso fare!", una scarica di adrenalina mi attraversava, e proprio quella meravigliosa sensazione mi ha permesso di arrivare al traguardo. Ho superato le difficoltà chiedendomi di volta in volta: "come posso fare per superare quest'ostacolo?"

Se invece avessi pensato (come molti mi dicevano): "Ma cosa sto facendo? Sono tutte stupidaggini, e poi non ci riuscirò mai", avrei mollato dopo pochi giorni, e tu non saresti qui a leggere questo libro. Ecco perché le convinzioni guidano la nostra vita, nel bene e nel male; ci conducono diritti verso il successo oppure verso il fallimento.

Se abbiamo convinzioni potenzianti, affronteremo le sfide che la vita ci offre e daremo il meglio di noi stessi, raggiungendo così l'obiettivo. Se invece abbiamo convinzioni limitanti ci daremo per vinti in partenza. Non affronteremo nessuna sfida e non avremo nessun risultato.

So che ora ti chiederai perché io ti stia dicendo queste cose. Perché, come argomentavo all'inizio, per prevenire i litigi è necessario sviluppare le giuste convinzioni, cioè quelle che ti faranno diventare più disponibile, flessibile e comprensivo con chi ti circonda.

SEGRETO n. 1: per prevenire i litigi è necessario sviluppare le giuste convinzioni, cioè quelle che ci rendono più disponibili, flessibili e comprensivi con chi ci circonda.

Rileggi più volte le convinzioni che ti elenco di seguito e

imparale a memoria. Voglio che diventino il tuo nuovo modo di pensare. Più le ripeti, più le assimilerai a livello inconscio e le metterai in pratica in automatico, senza nemmeno rendertene conto.

Convinzione 1) Io sono flessibile e accetto idee diverse dalle mie.

Secondo te può una semplice frase cambiare la vita di una persona? Nel mio caso, la risposta è sì. Lascia che ti racconti la mia storia.

Esattamente come era avvenuto con Angela, io e Maria, la mia nuova amica del cuore, litigammo per una sciocchezza, e feci gli stessi errori: non riuscivo a comprenderla, volevo avere per forza ragione, ero permalosa. E anche quell'amicizia stava per naufragare di nuovo, per colpa mia.

Dopo il litigio con Maria, mi sentivo ferita, delusa, tradita. Stavo malissimo, e non solo emotivamente, ma anche fisicamente. Mi sentivo come se mi avesse investito un camion. E avvertivo un peso insopportabile all'altezza dello stomaco, come se sopra ci fosse un'incudine. Trascorsi tre lunghissimi giorni con quel senso di oppressione che non mi faceva neppure respirare.

Al quarto giorno ero distrutta. Erano tre notti che non dormivo. Nella mia mente giravano all'infinito, come un disco rotto, sempre gli stessi pensieri: "Come ha potuto farmi questo? Mi ha tradito. Tutto questo tempo che le ho dedicato, tutta l'energia, l'affetto di questi anni, tutto sprecato. Tutto buttato al vento".

Per cercare di liberarmi da quell'oppressione allo stomaco istintivamente feci qualche esercizio a corpo libero (te ne parlerò nel prossimo capitolo) e quel peso scomparve magicamente. Fu un'autentica liberazione. E poi avvenne una cosa particolare: eliminato il peso sullo stomaco, anche la mia mente mi sembrò di colpo più "leggera". Il corpo e la mente sono infatti strettamente legati tra loro. Anche la mente, come il corpo, si stava liberando di inutili pesi, tutti i pensieri ossessivi dei giorni prima.

Senza più quel macigno sullo stomaco ebbi una vera e propria "illuminazione". Un raggio di sole finalmente squarciava le tenebre in cui ero scivolata nei giorni precedenti. Cosa avvenne dunque?

Avevo iniziato a frequentare la scuola di coaching da poco. Ero una novellina. All'improvviso, un flash. Mi venne in mente un principio fondamentale in Pnl (Programmazione neuro linguistica): "La mappa non è il territorio".

Cosa significa questa espressione? Significa che ciascuno di noi, a seguito dell'educazione ricevuta, del contesto in cui ha vissuto, delle persone che ha frequentato, si è formato una propria, personalissima idea del mondo. Ciascuno crea una mappa o modello che usa per "orientare" il proprio comportamento.

Così come una mappa stradale non coincide con la realtà, allo stesso modo l'idea che noi abbiamo della realtà non è la realtà stessa, ma ne è solo un'interpretazione, filtrata da convinzioni e valori personali. Noi reagiamo agli eventi non per quello che sono, ma in base all'idea che ci siamo fatti di essi.

Quindi il punto cruciale è questo: quello che per te rappresenta una realtà oggettiva in realtà non lo è. È solo il tuo modo personalissimo di vedere la realtà. Ma non vale per gli altri. Ciascuno vive in un mondo a sé stante; ognuno ha propri gusti, criteri di valutazione, valori, convinzioni.

Se ti dico: "Sai, la settimana scorsa ho incontrato quel nostro amico comune. Ha avuto un incidente…". Cosa pensi sia successo al nostro amico? Ha avuto un incidente in auto? Oppure si è rotto un braccio? E se invece ti dicessi che si è solo rovesciato addosso il caffè bollente al bar?

Oppure: sai che gli indigeni mangiano le tarantole? Immagina la scena: mentre mangi un panino, vicino a te un indigeno di una tribù addenta con altrettanto gusto una tarantola pelosa. Qual è la tua reazione? Ti viene il voltastomaco o l'acquolina in bocca? Probabilmente la prima (a meno che tu non sia un indigeno con le stesse usanze alimentari). Pensa invece che l'indigeno è più che soddisfatto del suo pasto! Ma come è possibile che ci siano percezioni così profondamente diverse?

Altri esempi? Un uomo che misura 175 centimetri è alto o basso? Dipende. Per un watusso è basso. Invece è altissimo per le tribù africane, dove l'uomo più alto misura 155 centimetri.

Oppure, pensa a delle persone che conosci e ai loro valori. Anche le credenze, le convinzioni e i valori fanno parte della nostra personale "mappa" del mondo. Convinzioni e valori derivano sia dalle vicende che viviamo in prima persona sia dai messaggi che la famiglia e la società ci trasmettono fin dall'infanzia.

Pensa quanto sono diversi tra loro i valori di un prete e quelli di un manager. Immagina per un istante questa scena: una macchina sportiva sfreccia davanti a entrambi. Come reagiscono? Probabilmente il prete, che ha come valori la compassione e l'aiuto verso i bisognosi, non è impressionato dall'auto sportiva perché pensa che al mondo esistono cose ben più importanti del lusso e dell'apparire.

Per il manager invece la carriera e il prestigio sono determinanti. Per lui la macchina sportiva rappresenta la giusta ricompensa per aver lavorato duramente. Chi dei due ha ragione? In realtà entrambi, ciascuno sulla base dei propri valori e principî.

Ti dicevo che io devo moltissimo al principio "la mappa non è il territorio". A dire la verità, la prima volta che l'ho sentita in aula, alla scuola di coaching, non mi ha suscitato nessuna riflessione né emozione particolari. Perché in definitiva qual è il suo messaggio? Che ciascuno ha un proprio modo di vedere le cose. Detto così, in effetti, sembra una cosa scontata, se non banale.

Ma il punto è che quando siamo coinvolti in un conflitto non è così facile ricordarsene. Ciascuno è convinto di essere depositario della verità assoluta. Ed è così che lo scontro diventa insanabile e la relazione va in mille pezzi.

Io ho capito l'importanza di quel principio solo dopo il litigio con Maria. Solo dopo quelle tre notti in bianco e una sofferenza infinita. Ci ragionai su per ben tre giorni di fila. Era ormai il mio mantra. E più mi rimbombava nella mente, più sentivo il cuore aprirsi alla comprensione verso di lei.

Di colpo vedevo le cose in modo totalmente diverso. Un nuovo tarlo si insinuò allora nella mia mente. Ma era molto diverso da quello dei giorni precedenti, i giorni del dolore. Ora mi chiedevo di continuo: "E se avessi interpretato male il suo comportamento? Ma davvero mi ha voltato le spalle? Oppure in quel momento semplicemente aveva idee e preferenze diverse dalle mie?".

Non ci crederai ma di fatto quel principio ha salvato il mio rapporto con Maria, che dura ancora oggi. Pensa: se quella volta non avessi cambiato prospettiva, avrei continuato a pensare che Maria era la "cattiva" che aveva tradito la mia fiducia. Invece era solo una persona con idee diverse dalle mie. Punto.

D'ora in poi tieni sempre a mente che ciascuno ha una propria idea del mondo. Perché solo se ti convinci di questo diventi flessibile e aperto a opinioni diverse dalle tue. Riesci a comprendere meglio l'altro.

Ricordi cosa dicevamo all'inizio? Sono proprio la flessibilità, l'apertura e la comprensione le qualità "strategiche" per comunicare in modo efficace e prevenire i conflitti.

SEGRETO n. 2: la prima convinzione è: "Io sono flessibile e accetto idee diverse dalle mie". Per comprendere l'altro è

necessario convincersi che ciascuno ha una propria idea del mondo.

Convinzione 2) Io preferisco essere felice piuttosto che avere ragione.
Ora ti svelo uno dei segreti per vivere serenamente e avere relazioni appaganti. Qual è? Riuscire a lasciare andare il desiderio di voler avere sempre ragione. Lo so, è dura! Ma puoi riuscirci benissimo. Basta solo volerlo.

Ti capita mai di dire: "Hai visto? Avevo ragione io!", oppure "Tu hai torto"? Se vuoi essere felice, smettila di voler avere sempre ragione. Per cui, se durante una discussione ti accorgi che tu e l'altro avete idee contrastanti e che non è possibile una mediazione, chiediti: "Preferisco essere felice oppure avere ragione?".

La risposta non è così scontata. Sappi che sono purtroppo molti quelli che preferiscono essere infelici ma in cambio avere l'illusione di essere nel giusto. Ho vissuto da vicino una storia molto dolorosa. Lascia che te la racconti.

Una ragazza con origini nobili si innamorò perdutamente di un giovane. Lui era dolce e premuroso, il fidanzato che ogni donna vorrebbe al suo fianco e l'uomo che ogni mamma vorrebbe per la propria figlia. Ma non *quella* mamma in *quel* particolare contesto.

Il "problema" per la nobile signora era che lui era figlio di contadini. E nonostante l'uomo fosse riuscito, con tanti sacrifici, a diventare un professionista benestante, agli occhi della donna rimaneva pur sempre un contadino. E non aveva importanza neanche che lui trattasse la ragazza come una regina.

La donna disapprovava la relazione. Litigava continuamente con sua figlia perché secondo lei avrebbe dovuto lasciarlo per fidanzarsi con un nobile come lei. La ragazza invece le rispondeva che ormai in Italia la monarchia non c'era più, che lui la rendeva felice e che per giunta era anche agiato. Cosa avrebbe potuto desiderare di più?

Non ci fu nulla da fare. La mamma rimase ferma sulle sue idee. Era assolutamente convinta di avere ragione e che la figlia fosse in torto. La situazione precipitò. Smisero di parlarsi e perfino di vedersi. Le loro strade si divisero per quarant'anni. Pensa, quarant'anni! Quarant'anni trascorsi tra lacrime molto, molto amare. E da entrambe le parti.

Non era solo la figlia a stare male dopo essere stata ripudiata dalla madre. Soffriva anche sua mamma. Sì, perché era vittima della sua stessa fissazione di voler avere ragione a tutti i costi.

Come è finita? Mamma e figlia si sono riconciliate solo pochi giorni prima della morte della nobildonna, dopo oltre quarant'anni di separazione. E pensa che fino all'ultimo la mamma si era mostrata restia a cambiare idea. Solo il prete che le dette l'estrema unzione riuscì a convincerla a far pace con la figlia.

Una mamma ha preferito rinunciare alla figlia che amava e soffrire per quarant'anni. E tu, a cosa stai rinunciando pur di avere ragione?

SEGRETO n. 3: la seconda convinzione è: "Io preferisco essere felice piuttosto che avere ragione". Per vivere serenamente e avere relazioni appaganti bisogna lasciar andare il desiderio di voler avere sempre ragione.

Convinzione 3) Io sono imperturbabile e lascio cadere le provocazioni.
Come nascono i litigi? Pensa ad esempio a quante risse si scatenano per una semplice battuta infelice. Magari è stata buttata lì "per scherzo" e non c'era veramente intenzione di ferire il destinatario. Eppure chi l'ha ricevuta non la vede così. L'ha giudicata un'offesa mortale e si è arrabbiato. In certi casi si arriva addirittura alla violenza fisica.

Come è possibile tutto questo? Analizziamo insieme il meccanismo per il quale una semplice conversazione a volte si trasforma in una lite.

Immagina di dire a un watusso alto due metri: "Sei un tappo!". Tu invece sei decisamente meno alto di lui... Come pensi che reagirà? Forse ti scoppierà a ridere in faccia e penserà che il tappo sei tu. In ogni caso, non litigherete (almeno in quella circostanza). E sai perché? Perché lui non ti prenderà sul serio. Non penserà che lo stai offendendo davvero. Del resto è molto più alto di te.

Ora invece immagina di dirgli "Sei stupido!". Cosa accadrà? In questo caso è più complicato fare delle previsioni. Tutto dipende da cosa quell'uomo pensa di sè stesso. Dipende dalla sua autostima. Se ha un'alta concezione di sé, come prima le tue parole non lo toccheranno affatto.

Ma cosa accade se sfortunatamente non ha una forte autostima? Se in effetti si ritiene stupido… allora sono guai. Incomincerà a pensare che tu lo stia davvero insultando. Questo perché hai toccato il suo punto debole. Risultato finale: si offenderà e reagirà.

È così che si accende la scintilla. E quella scintilla poi diventa un incendio. Ecco come degenerano le discussioni per una semplice battuta.

Ci arrabbiamo perché crediamo a quell'insulto. E perché ci crediamo? Perché noi stessi consideriamo quella certa cosa il nostro "tallone d'Achille". Qui entra in gioco la vocina che dimora nella nostra testa e che ci giudica sempre. Se la stessa critica ci arriva sia dalla nostra vocina interna sia da un'altra persona, ecco che reagiamo male.

Ce la prendiamo perché ci sentiamo attaccati proprio là dove siamo più vulnerabili. La suscettibilità alle critiche nasce nella nostra mente. È l'insicurezza che ci convince che quella persona ci sta davvero offendendo.

In sintesi, il meccanismo che porta alla lite è:
1) ascolto quello che l'altro mi dice
2) di tutte le informazioni il mio cervello seleziona il commento su un mio punto debole
3) giudico quel commento: è una cosa brutta da dire? è un'offesa?
4) poiché sono insicuro credo che sia un insulto e mi offendo
5) sento il bisogno di dimostrare il mio valore
6) reagisco...

Soffermiamoci ora sull'ultimo punto, ossia il bisogno di reagire. Come mai ci sentiamo "obbligati" a reagire? In realtà è la società in cui viviamo che ci ha inculcato l'idea che è "meglio morire da eroi sul campo di battaglia piuttosto che salvarsi da vili". Questa è una convinzione che abbiamo assimilato a livello inconscio, perciò siamo convinti di dover sempre reagire e combattere durante una discussione.

Ci scervelliamo per riuscire a ribattere qualcosa. Qualsiasi cosa, meglio se una frase ad effetto, pur di non rimanere in silenzio. Perché non parlare significherebbe ammettere la propria sconfitta e di conseguenza proclamare la vittoria dell'altro. Ma ciò non è affatto vero. Non è obbligatorio rispondere/reagire ogni volta che qualcuno ci attacca.

Abbiamo detto che il bisogno di rispondere scaturisce dall'insicurezza. È questa la verità. Quando le persone si sentono offese, è il loro orgoglio ferito ad avere il sopravvento sul buon senso. L'insulto fa abbassare l'autostima. Così, per dimostrare di valere qualcosa, la gente scende in guerra. Ma chi sa di valere non sente la necessità di dimostrarlo ad altri. Chi è davvero sicuro di sé si sente libero di rispondere oppure no.

Ora scommetto che mi chiederai: si può intervenire su questo meccanismo? Sì, certo, è possibile. Ecco qual è il punto cruciale dello schema del litigio: il giudizio. Per spezzare la spirale che porta al litigio, bisogna intervenire sul giudizio. Guarda come, valutando in modo diverso la critica, cambia radicalmente la discussione.

Esempio:
Anna: "Ma tu sei pazza!".
Monica: "Lo so, lo so, stai in campana! Ahahah".
Anna: "Davvero, non scherzo, sei tutta matta!".
Monica: "Certo, è chiaro… E come mai dai retta a una pazza? Allora sei pazza anche tu! Ahahah".
Anna: "Ahahah… sei proprio pazza da legare!".

Osserva invece come reagisce Monica nel momento in cui crede davvero che Anna la stia insultando. Nota come il dialogo degenera rapidamente.

Anna: "Ma tu sei pazza".
Monica: "Io? Ehi ma come ti permetti?".

Anna: "Uh! Ma dai su…".
Monica: "Ma chi ti credi di essere? Chi ti ha dato tutta questa confidenza? Imbecille, non ti permettere più!".
Anna: "Ah, è così? E tu sei… (altri insulti).

Capisci allora che tutto sta nel valutare in modo diverso le critiche? E più ti piaci, più diventi resistente agli attacchi. Il tuo obiettivo deve essere proprio diventare così forte emotivamente che le critiche/battutine ti scivoleranno addosso senza ferirti.

Ripeti più volte questa convinzione:
> Io valgo moltissimo.
> Sono imperturbabile.
> Lascio cadere le provocazioni.

Ricorda che per litigare bisogna essere in due. Invece per smettere basta uno solo. Questo significa che se l'altro ti attacca, ma tu non dai peso agli insulti, non avrai reazioni esagerate. E non scoppierà alcun litigio. Per cui, qualcuno ti provoca? A te poco importa. Le sue offese non ti scalfiscono minimamente. E hai cose decisamente più importanti che stare a sentire queste chiacchiere.

Non è proprio il caso di mettersi a litigare.

SEGRETO n. 4: la terza convinzione è: "Io sono imperturbabile e lascio cadere le provocazioni". La suscettibilità alle critiche nasce nella nostra mente. È l'insicurezza che ci convince che quella persona ci sta davvero offendendo.

Convinzione 4) Io sono l'unico responsabile.
Ora voglio parlarti di un'abitudine (purtroppo!) molto diffusa. Quale? Quella di scaricare sugli altri le proprie responsabilità.
Ho ormai perso il conto di quante volte ogni giorno sento frasi come: "Non è colpa mia", "È colpa tua/sua".

La verità è che le persone detestano assumersi le proprie responsabilità. E cosa fanno quindi? Semplicemente, scaricano la colpa su altri. A sentirli, il colpevole è sempre qualcun altro e loro sono solo delle povere vittime.

Per una strana congiuntura astrale tutte le possibili catastrofi si abbattono solo ed esclusivamente su di loro. I loro problemi non sono certamente la conseguenza delle loro azioni, scherziamo?

Mi viene in mente un aneddoto simpatico e voglio raccontartelo. Scommetto che ti farà sorridere. Anche questa, come quelle che ti ho raccontato finora, è una storia vera. Non invento le storie che narro.

È la vita che sceglie di far accadere certe cose. È lei a servirmi su un piatto d'argento le vicende da raccontare. Io mi limito ad osservare e poi descrivo ogni cosa. Adesso mettiti comodo. Goditi questa nuova storia.

Quel giorno Lina e Carlo si trovavano nel pieno centro di Milano. Erano due signori di mezza età, molto affiatati. Avevano deciso di fare un viaggio culturale e visitare le principali città italiane.

Erano dunque arrivati a Milano. Lina era entusiasta all'idea di vedere i maestosi negozi del Quadrilatero della moda. Quella mattina si vestì con cura. Indossò i suoi abiti più eleganti. Non voleva certo sfigurare davanti ai commessi di quelle sontuose boutique. Era splendida, impeccabile... solo una cosa le era sfuggita: un bigodino in testa.

Lei ogni sera si metteva un bigodino sulla sommità del capo. E poi ogni mattina lo toglieva. Ma quel giorno, forse presa dall'euforia di vedere quei negozi da favola, se ne dimenticò completamente.

Suo marito Carlo non se ne accorse. Così la coppia trascorse la mattina a fare shopping tra le vie più alla moda. A pranzo incontrarono un'altra coppia al ristorante: Giada e Leonardo. Giada si accorse subito del bigodino che spiccava sulla testa di Lina.

"Lina, hai un bigodino in testa! Avvicinati, così te lo tolgo", disse Giada. Lina: "Oh mio Dio! Il bigodino!" Si girò poi dal lato di Carlo: "Ecco, guarda, contento? È tutta colpa tua!".
Carlo, incredulo rispose: "Colpa mia? Ma che dici?".

Lina: "Sì, è colpa tua! Dovevi avvisarmi e non lo hai fatto.".
Carlo: "Io non ho colpe. Te lo sei messo tu e dovevi levarlo tu. Non sei una bambina.

Lina: "Se mi guardassi questo non accadrebbe. Ma non mi guardi mai, non ti curi di me".

Secondo te, di chi è la colpa se Lina è uscita di casa con un bigodino tra i capelli? Facci caso: molti conflitti nascono proprio dal fatto che una delle parti si ostina a cercare le colpe. In famiglia, al lavoro, o con gli amici, al minimo errore siamo subito pronti a incolpare qualcuno.

E questo qualcuno come reagisce? Naturalmente si mette sulla difensiva e scarica a sua volta la colpa su altri. Risultato: quasi sempre una discussione basata sulle colpe porta solo malumori e mai nulla di buono.

Che fare dunque? Qual è la giusta mentalità per evitare conflitti inutili? È semplice: pensare che noi siamo gli unici responsabili di ciò che comunichiamo. Questo è un principio fondamentale. Proprio perché è così importante voglio che ci ragioniamo su insieme, d'accordo?

In ogni comunicazione partecipano almeno due persone. Tuttavia non possiamo cambiare la comunicazione altrui. Quindi dobbiamo comportarci come se il buon esito dipendesse solo da noi. Questa è una convinzione "scomoda", non c'è dubbio. Ma è davvero potenziante.

In questo momento forse ti stai chiedendo: "Ma perché devo assumermi Io la responsabilità se è l'altra persona a non aver capito?". In realtà non c'è una risposta. Molto semplicemente, è una scelta. Una scelta potenziante, appunto. Se hai fatto qualche errore e te ne assumi la responsabilità, allora puoi decidere di fare qualcos'altro per migliorare.

Se cominci a pensare: "Sono io ad aver sbagliato, non è colpa di nessun altro", ti chiederai: "allora, dato che tutto dipende da me, cosa posso fare io per migliorare la situazione?".

Vedi cosa succede? Ti convinci di avere il potere di modificare le cose. Forse non è davvero così. Ma in ogni caso è molto utile pensare di essere l'unico responsabile di ciò che comunichi. Avrai sempre un buon motivo per darti da fare. Sai che, se ti impegni, troverai una soluzione.

Se invece scarichi la responsabilità sull'altro dicendo: "Oh ma io ho comunicato benissimo, è lui/lei che non ha capito", oppure "è colpa di...", allora ti convinci che non puoi fare niente. Risultato? Ti rassegni e getti subito la spugna. Hai perso in partenza senza aver combattuto.

Vuoi davvero questo? No, amico mio! Lasciatelo dire: ti meriti di più, molto di più! Ricorda: il potere di fare dei cambiamenti è dentro di te (e di noi). Il cambiamento deve partire da te. Solo se ti convinci di avere questo potere, potrai ottenere ciò che vuoi.

Basta scuse! Niente alibi!

Qual è dunque il modo vincente di pensare? D'ora in poi chiediti sempre: "Cosa posso fare Io per raggiungere il mio obiettivo nonostante ci sia questo... (impedimento, vincolo, problema)?".

Ad esempio, se non riesci a lavorare con un collega perché ha un carattere prepotente, chiediti: "Nonostante tizio abbia un carattere difficile, cosa posso fare io per lavorarci più serenamente?". Oppure, se non hai tempo per parlare con il tuo partner come vorresti, domandati: "Nonostante abbia poco tempo libero, come posso fare per comunicare con lei/lui come vorrei?".

SEGRETO n. 5: la quarta convinzione è: "Io sono l'unico responsabile". Solo se ti convinci che sei l'unico responsabile di ciò che comunichi potrai cambiare la situazione.

Convinzione 5) Mi astengo dal fare ipotesi e supposizioni.
Ora voglio metterti in guardia da un'altra abitudine molto diffusa e molto pericolosa. Quale? Quella di fare ipotesi e congetture varie.

Cosa succede in genere? Se non riusciamo a dare una spiegazione a qualcosa, cominciamo a fare ipotesi anche molto fantasiose. Ci facciamo vere e proprie costruzioni mentali. E qual è il risultato? Tensioni e litigi. Questo vale in qualunque situazione: con il partner, con gli amici, al lavoro ecc.

Ora, nota che ho detto: "Ci facciamo costruzioni mentali...". Ebbene sì, mi metto anch'io in questa categoria. Sorpreso? Pensavi fossi perfetta? Oh, no, amico mio. Ti sbagli di grosso!

Ricordo ancora quella volta in cui per colpa di una di queste congetture stavo per perdere la scheda Sim del telefono. Lascia che te lo racconti.

Qualcuno mi chiamò al cellulare da un numero sconosciuto. Risposi. Una voce di donna: "Buongiorno, signora Loana, sono Manuela di… (il mio gestore telefonico)". Ecco, in quell'istante feci un errore enorme. Pensai volessero vendermi qualcosa. Così dissi seccata: "No, no, non ho bisogno di niente, non voglio comprare niente!" E stavo per chiudere quando… avvenne una cosa totalmente inaspettata. E dopo, giuro, mi vergognai come una ladra.

La donna dall'altra parte si infuriò: "Signora, io non voglio venderle proprio niente! Sono della direzione, non dell'ufficio commerciale! Facendo un controllo è risultato che la sua scheda Sim scade domani e se entro oggi non fa una ricarica anche minima la perderà per sempre".

In quel momento scesi dalle nuvole. "Come? La mia Sim scade oggi? Ma davvero?", chiesi. E fu allora che quella donna mi diede una lezione che non dimenticherò più.

"Sì, signora, l'ho chiamata per questo. Io le ho detto quello che volevo dirle nel suo interesse. E ora faccia pure quello che vuole. Io la saluto e si ricordi che nella vita bisogna ASCOLTARE A MENTE A P E R T A".

Aveva davvero ragione. Su tutti i fronti. Controllai immediatamente la mia Sim: stava per scadere. Avevo quella scheda da oltre quindici anni... Se quella donna non mi avesse avvertito avrei perso i contatti di una vita intera...

E tutto questo perché avevo immaginato, in modo del tutto arbitrario, che mi volesse vendere qualcosa! E per un pregiudizio stavo per pagare un prezzo altissimo. Ecco, da quel giorno ho capito l'importanza di non fare congetture.

Congetture, supposizioni e ipotesi varie possono rovinare o perfino distruggere le nostre relazioni. Creano terreno fertile per i conflitti. Ad esempio: immagina di avere appuntamento con il tuo nuovo amore. Arrivi in perfetto orario, ma dell'altra persona nemmeno l'ombra. Che fai? Cosa pensi?

Ti appelli alla tua razionalità e ti dici: "Mah... c'è un po' di traffico... starà sicuramente arrivando". Aspetti... 5 minuti... 10... ma dopo 40 minuti... che fai? Cosa ti gira in testa?

Riesci ancora a mantenerti lucido e a vedere in modo razionale la situazione? Di sicuro non vi è riuscita Carla. Ora, infatti, ti racconterò come ha reagito lei in una situazione analoga. Capirai quanto sono pericolose le congetture mentali e che effetti disastrosi producono.

Carla aveva un fidanzato, Luca. Il ragazzo viaggiava moltissimo per lavoro. L'azienda lo mandava in trasferta in città lontane oltre duecento chilometri. La sua vita era un inferno. Si alzava prestissimo, percorreva tutti quei chilometri per lavorare tutto il giorno a ritmo serrato, senza neppure riuscire a pranzare. E rientrava a casa a notte fonda.

Quella sera, dopo essere rincasato, l'unica cosa che desiderava era fare una bella doccia e poi sprofondare in un bel sonno ristoratore.

Mentre assaporava il piacere dell'acqua tiepida, Carla gli scrisse vari sms a distanza di poco tempo l'uno dall'altro.

"Ehi, ma che fine hai fatto? È tutto il giorno che ti chiamo". Nessuna risposta. Luca non poteva sentirla, era sotto il getto dell'acqua. Un attimo dopo: "Potresti rispondere?" Dopo tre secondi: "Ti ho mandato due messaggi, perché non rispondi?".

Altri tre secondi di attesa e dopo un nuovo sms: "Cafone!, rispondimi subito! Sei cattivo! Non rispondi perché vuoi farmi stare male! Se non rispondi subito non mi vedrai mai più!".

Nessuna risposta… "Ah, ora ho capito! lo stai facendo apposta! non stai rispondendo perché ti vuoi sbarazzare di me. Sei un mascalzone! Vergognati! Dopo tutto quello che ho fatto per te!".

Carla continuò a inviargli sms per ancora molto tempo… Quando Luca vide tutti quei messaggi minatori, rimase a dir poco basito. Cambiò subito idea su Carla. La reputò paranoica e fuori di testa. Troncò la relazione all'istante e non volle più vederla.

A volte siamo restii a chiedere spiegazioni. E allora facciamo congetture che riteniamo siano vere (ma non lo sono) …la mente va in tilt… e in balia delle emozioni produciamo un vero e proprio film apocalittico.

Il bello è che poi difendiamo queste supposizioni. Diamo torto all'altro. Ci arrabbiamo. E scoppia il finimondo. Capisci ora quanto è importante sbarazzarsi dell'abitudine di fare supposizioni e congetture?

Qual è la soluzione? Il mio consiglio è: impara a fare le domande giuste. È l'unico modo per astenersi dal fare supposizioni. E per fare finalmente chiarezza.

SEGRETO n. 6: la quinta convinzione è: "Mi astengo dal fare ipotesi e supposizioni". A volte facciamo supposizioni che riteniamo siano vere e poi le difendiamo. Così facendo diamo torto all'altro, ci arrabbiamo e scoppia la lite.

RIEPILOGO DEL CAPITOLO 1:

- SEGRETO n. 1: per prevenire i litigi è necessario sviluppare le giuste convinzioni, cioè quelle che ci rendono più disponibili, flessibili e comprensivi con chi ci circonda.
- SEGRETO n. 2: la prima convinzione è: "Io sono flessibile e accetto idee diverse dalle mie". Per comprendere l'altro è necessario convincersi che ciascuno ha una propria idea del mondo.
- SEGRETO n. 3: la seconda convinzione è: "Io preferisco essere felice piuttosto che avere ragione". Per vivere serenamente e avere relazioni appaganti bisogna lasciar andare il desiderio di voler avere sempre ragione.
- SEGRETO n. 4: la terza convinzione è: "Io sono imperturbabile e lascio cadere le provocazioni". La suscettibilità alle critiche nasce nella nostra mente. È l'insicurezza che ci convince che quella persona ci sta davvero offendendo.
- SEGRETO n. 5: la quarta convinzione è: "Io sono l'unico responsabile". Solo se ti convinci che sei l'unico responsabile di ciò che comunichi potrai cambiare la situazione.
- SEGRETO n. 6: la quinta convinzione è: "Mi astengo dal fare

ipotesi e supposizioni". A volte facciamo supposizioni che riteniamo vere e poi le difendiamo. Così facendo diamo torto all'altro, ci arrabbiamo e scoppia la lite.

Capitolo 2:
Come gestire la rabbia

In questo capitolo ci occuperemo della seconda C del Metodo, il CUORE, ossia le nostre emozioni. Vedremo insieme come gestire la rabbia.

La rabbia non gode certo di una buona fama. Pensa a come viene considerata dalle religioni. Il Cristianesimo la classifica tra i sette peccati capitali insieme a superbia, avarizia, lussuria, invidia, gola e accidia. Per il Buddismo è uno dei cinque ostacoli sulla via della liberazione riconosciuti da Buddha (malevolenza, desiderio sessuale, agitazione, dubbio e pigrizia).

L'ira suscita diffidenza perché è associata a violenza e aggressività. Ci sono molti luoghi comuni sulla rabbia. Ad esempio è diffusa la convinzione che una persona educata e civile non si arrabbi. O ancora, nell'opinione comune, "una donna arrabbiata non è femminile". Ti confesso che io stessa in passato sono stata influenzata da queste credenze. E così, fino a circa venticinque anni, ho pensato che la rabbia fosse qualcosa di negativo.

Risultato: quando qualcuno mi infastidiva, reprimevo la rabbia. Mi stampavo sul viso un bel sorriso di circostanza e fingevo che non ci fosse nessun problema. In realtà stavo malissimo. Sentivo crescere dentro di me una pressione fortissima. Il cuore mi batteva all'impazzata e sudavo freddo.

Quanto avrei voluto urlare e mettere a tacere lo scocciatore. Ma non vi riuscivo. Una vocina dentro di me mi ripeteva che "una brava ragazza non si arrabbia e tace". La paura di fare una brutta figura mi paralizzava.

Quelle poche volte che mi arrabbiavo stavo comunque male. Ricordo ad esempio un episodio alla copisteria dell'università. La commessa serviva tutti tranne me sebbene fossi la prima in fila. Mentre ero in attesa mi sentivo fremere dall'ira. Ma mi trattenevo con tutte le mie forze. Poi però dopo mezz'ora non ce la feci più. Esplosi. La commessa lasciò tutto e mi accontentò all'istante.

Avevo raggiunto l'obiettivo. Mi ero fatta rispettare. Ma non ero soddisfatta. Anzi, a dire la verità, ero a disagio. Perché avevo assalito quella commessa. E non era da me. Andava contro i miei valori e il mio carattere. E quando ti comporti sulla base di valori che non ti appartengono, il tuo io più profondo te lo comunica subito.

Ma la rabbia è davvero un male? Ora, dopo anni nel campo della crescita personale, posso dirti che no, la rabbia non è un male. Anzi, è un dono. Proprio così. La rabbia è preziosa. Lascia che te lo dimostri.

Partiamo dall'inizio e chiediamoci: cos'è la rabbia? Semplicemente, è un'emozione fondamentale (o di base) insieme a paura, disgusto, felicità, tristezza e sorpresa. In altri termini è una reazione di tutto l'organismo di fronte a una situazione che la scatena. La collera provoca dei cambiamenti nel corpo e nella mente.

Poiché è un'emozione fondamentale, la rabbia è dunque presente in tutti noi, nessuno escluso, fin dalla nascita. Ma perché proviamo rabbia? Devi sapere che la rabbia è stata iscritta nel nostro patrimonio genetico per una ragione ben precisa: difenderci dalle aggressioni. La sua funzione è proprio quella di darci l'energia necessaria per distruggere tutti gli ostacoli che possono minacciare la nostra sopravvivenza.

Pertanto il nostro cervello è stato programmato a provare rabbia ogni volta che incontriamo un impedimento sul nostro cammino. Ecco perché quando siamo arrabbiati scaraventiamo a terra gli oggetti e insultiamo chi ci contrasta. Diventiamo aggressivi per superare ciò che in quel momento ci blocca o ci minaccia.

Cominci a vedere la collera da un'altra prospettiva? Se sei tra quelli che pensano, come lo pensavo anche io, che arrabbiarsi non sia degno di una persona educata e civile, è arrivato il momento di riappacificarti con la tua collera.

Renditi conto che è impossibile non provare mai rabbia o irritazione, perché la rabbia è un'emozione fondamentale e umana. E, come abbiamo detto, è una reazione sana di fronte agli ostacoli e alle ingiustizie.

Ora comprendi che la rabbia è utile. Senza questo sentimento non avremmo l'energia necessaria per difenderci o per affrontare i cambiamenti. Possiamo allora concludere che la rabbia non è né buona né cattiva.

Il punto è un altro: imparare a gestirla bene, ad usarla in modo costruttivo. Questo significa sia evitare di esplodere, sfogandosi sugli altri in modo violento e incontrollato, sia implodere, cioè trattenendola e interiorizzandola.

SEGRETO n. 1: la rabbia è un'emozione fondamentale (o di base) insieme a paura, disgusto, felicità, tristezza e sorpresa. La funzione della rabbia è di darci l'energia necessaria per distruggere tutti gli ostacoli che possono minacciare la nostra sopravvivenza.

La rabbia prepara il corpo ad agire. Ecco perché quando siamo arrabbiati il respiro diventa più corto, il cuore batte più velocemente e la temperatura del corpo aumenta. Nel corpo vengono liberati dei grassi che dovrebbero essere bruciati.

Cosa accade invece se la rabbia viene repressa? I grassi vengono ugualmente rilasciati nel corpo ma non sono bruciati attraverso l'azione. Il risultato è che questi grassi si depositano sulle pareti delle arterie e nel tempo possono provocare infarto o ictus. Trattenere la rabbia fa male.

Pertanto è necessario esprimere regolarmente la propria rabbia. Ma come? Forse ti stupirà sapere che incolpare o ferire gli altri sono modi superficiali per esprimerla. E sai perché? Il motivo è che quando ci scagliamo contro gli altri e cerchiamo chi ha torto e chi merita di essere punito, in realtà ci dimentichiamo dei nostri bisogni.

Per manifestare la rabbia abbiamo bisogno di qualcosa di più potente. Ed è quello che imparerai in questo capitolo. Ora vedremo insieme come puoi trasformare la rabbia contro gli altri in energia al servizio della tua vita.

Si tratta di un processo in tre fasi:
1) allontanarsi e sbollire la rabbia
2) ascoltare i i giudizi sugli altri

3) individuare il tuo bisogno

Fase 1) Allontanarsi e sbollire la rabbia.
Che fare quando sei in collera e senti che stai per perdere il controllo? Resta in silenzio e allontanati. Cerca un posto tranquillo dove puoi fare alcuni esercizi per sbollire la rabbia. Sono esercizi che io stessa pratico da tanti anni e ne ho avuto grandi benefici. Per cui ti consiglio con tutto il cuore di metterli in pratica.

Il cuscino.
Devo molto all'esercizio del cuscino. L'ho scoperto quasi vent'anni fa, frequentando un corso di bioenergetica. Mi ha cambiato la vita. Dico davvero. Ti ho raccontato che quando ero una ragazzina tendevo a reprimere la rabbia e non sapevo farmi valere.

Dopo l'esercizio del cuscino è venuta fuori tutta la mia collera repressa. Mi sono riconciliata con la rabbia e nella mia vita c'è stata una svolta. Da quel momento ho imparato a gestire la rabbia e l'emotività. Ho incominciato a non avere più paura di affrontare le discussioni, ho imparato a manifestare le mie idee e a farmi valere. Prima ero bloccata.

Questo è l'effetto che l'esercizio del cuscino ha fatto a me. È la mia storia. Non posso prevedere lo stesso impatto sulla tua vita. Perché non posso sapere qual è la tua base di partenza. In ogni caso ti aiuterà a riequilibrare le tue emozioni. Sei pronto? Mettiamoci all'opera.

Prendi un cuscino di medie dimensioni. Non deve essere né troppo grande, né troppo piccolo. Devi poterlo maneggiare con facilità. Impugnalo bene. Ora chiudi gli occhi. Concentrati su qualcosa che ti fa arrabbiare o che ti crea sofferenza. Può essere il comportamento del tuo partner, di un amico, di un parente, di un collega.

Rivedi nella tua mente la scena che ti fa andare su tutte le furie. Ingrandisci le immagini. Devono essere a grandezza naturale. Rendi più brillanti e intensi i colori. Alza il volume delle voci. Senti le stesse emozioni che hai provato quella volta. Sei lì, in quella situazione. La stai rivivendo ancora. Senti montare la collera dentro di te. Senti il calore diffondersi in tutto il corpo.

Immagina che la rabbia sia una ruota e che si muova in senso orario. Falla girare più velocemente. Quando senti che la tua collera è al massimo, sbatti con violenza il cuscino contro una parete. Oppure mettiti in ginocchio per terra e sbatti il cuscino sul pavimento. Trova la posizione in cui sei più comodo. E ora: via! Sbatti forte! Sbatti! Ancora! Ancora! Ancora!

Rimani concentrato sulla collera che provi. Nella tua mente deve essere fissa l'immagine che provoca questa rabbia. Mentre pensi a ciò che ti irrita, sfogati liberamente. Urla e piangi senza freni. Sbatti forte! Sbatti! Ancora! Ancora! Ancora!

Continua a sbattere il cuscino finché sentirai che la rabbia è svanita. Come ti ho detto, anche io pratico questo esercizio. Perciò ti raccomando di farlo. È davvero liberatorio, soprattutto se tendi a reprimere la rabbia.

Tuttavia, per onestà intellettuale, devo avvisarti: questo esercizio è così efficace che al termine potresti avvertire perfino un piccolo conato di vomito. O almeno questo è l'effetto che ha fatto su di me, soprattutto le prime volte che l'ho praticato.

In realtà non ho mai vomitato davvero. Più precisamente, a volte ho provato solo quel riflesso tipico tra stomaco e gola *come se fossi sul punto di rimettere*. Sono le emozioni trattenute da tempo che non aspettano altro che essere buttate fuori dal corpo.

E l'esercizio del cuscino fa letteralmente "sputare il rospo". Che magnifico sollievo, dopo! Quel macigno all'altezza della bocca dello stomaco magicamente scompare.

Quindi, se anche tu dovessi provare la stessa sensazione fisica, stai tranquillo. Significa che ti stai davvero liberando della rabbia. In più a me succede che dopo le "cuscinate" non solo non ho più pesi sullo stomaco e mi sento più leggera, ma addirittura non mi ricordo più perché ero così in collera.

Questo esercizio del cuscino ha un piccolo inconveniente: non può certo essere praticato ovunque. Solo in un posto intimo e riservato, dove potersi sfogare liberamente.

E se ti assale la rabbia quando sei fuori casa? In questo caso ti consiglio un semplice esercizio di respirazione.

Respirazione addominale.
Siediti comodamente, con la schiena e i piedi bene appoggiati a terra. Metti le mani sull'addome, appena sotto l'ombelico. Inspira profondamente dal naso gonfiando la pancia. Poi espira dalla bocca, sgonfiando completamente la pancia e tirandola in dentro come se volessi risucchiarla all'interno del corpo. Ripeti per venti volte. L'effetto rilassante è immediato.

Il vantaggio di quest'esercizio è che puoi farlo ovunque, senza dare troppo nell'occhio. Se ad esempio sei al lavoro, e senti che stai per esplodere, vai in bagno e chiuditi a chiave. Siediti sul water e respira. Nessuno se ne accorgerà. A differenza dell'esercizio del cuscino, è molto silenzioso.

Devi solo concentrarti sul tuo respiro. Non devi sbattere nulla. In pochi minuti riuscirai a recuperare la tua lucidità per affrontare eventuali discussioni.

Anzi, se hai in programma una discussione "critica", ti consiglio vivamente ti farlo poco prima. Perché? Perché è meglio non affrontare discussioni quando siamo su tutte le furie.

Quando siamo arrabbiati una piccola contrarietà diventa un cataclisma. Un moscerino ci sembra una mandria di bufali. Vediamo tutto nero. Arriviamo perfino a pensare che tutti vogliono farci del male.

La collera provoca un vero e proprio cortocircuito nel cervello. E allora addio razionalità. Ecco perché la rabbia ci fa vedere i problemi in maniera completamente diversa.

È molto difficile discutere serenamente se non abbiamo smaltito la collera. Finiamo con l'aggredire la persona, urlare, insultare. E per di più non cambia nulla. La situazione rimane la stessa. Non si è discusso realmente del problema. E soprattutto di come risolverlo. Solo dopo aver ritrovato la calma siamo in grado di valutare in modo obiettivo la situazione.

Fase 2) Ascoltare i giudizi sugli altri.

Come nasce la rabbia? Cosa la provoca? Immagina di tornare a casa dopo una giornata al lavoro. Una giornata come tante. Sei tranquillo. Guardi nella cassetta della posta, c'è una busta. La apri, leggi e… santo cielo! È una bolletta astronomica! Ci deve essere per forza un errore.

Cominci a innervosirti. Nella tua testa si affollano pensieri del tipo: "Ma è uno scherzo? Che diavolo combinano?". Poi da questo primo pensiero ne nascono altri mille a ruota libera: "Ma che fanno in quell'azienda invece di lavorare?", "Che imbroglioni!", "Si sbagliano di grosso se pensano che pagherò!", "Come si permettono di trattarmi così?", "Non mi faccio mettere i piedi in testa!", "Ora gliene canto quattro. Li denuncio".

Nota come monta la tua rabbia. Cresce in modo esponenziale man mano che i tuoi giudizi diventano sempre più severi.

Ora riflettiamo insieme. Cos'ha davvero scatenato la tua rabbia? Non è certo la bolletta! Siamo realisti: un semplice foglio di carta (la bolletta) non può da solo farti arrabbiare. Non è quello a provocare la tua ira.

La verità è che l'irritazione e la rabbia nascono nella tua mente. Nascono dai tuoi stessi pensieri. Il primo pensiero negativo spinge il tuo cervello a produrre altri pensieri negativi. E ti arrabbi sempre di più. È una spirale perversa che ti porta a una crisi isterica.

Per gestire la rabbia è necessario diventare consapevole dei propri schemi di pensiero. Appena ti passa per la mente un pensiero che ti fa innervosire, osservalo. Guardalo con distacco. Prendi le distanze da tale pensiero. Ciò che pensi di te stesso e degli altri quando sei in collera non corrisponde alla verità.

Quante volte pensiamo: "Tizio mi fa arrabbiare quando fa/dice..." Ad esempio posso dire a mia figlia: "Mi fai arrabbiare quando non ubbidisci". Oppure posso dire al mio compagno: "Quando non mi ascolti mi fai stare male". Cosa faccio in realtà?

In entrambi i casi sto usando il senso di colpa per motivare qualcuno (mia figlia e il mio compagno) a fare qualcosa per me. In altri termini, faccio credere alla persona che il suo comportamento provoca in me un certo sentimento.

Ma non è così. Non sono gli altri a farci arrabbiare. Il problema non è il comportamento delle persone ma il modo in cui noi lo valutiamo. "Ciò che turba gli uomini non sono le cose, ma le opinioni che essi hanno delle cose" (Epitteto).

Nessuno può farci arrabbiare tranne noi stessi. Noi siamo gli unici a poter decidere se arrabbiarci o no. Le parole o le azioni degli altri possono "stimolare" la nostra rabbia, ma non ne sono mai la causa.

La vera causa della rabbia sono i nostri pensieri e in particolare i giudizi sugli altri ("sono cattivi, sono ingiusti, si comportano male con me"), le etichette, i preconcetti su quello che le persone "dovrebbero" fare e su quello che "si meritano" come una punizione.

SEGRETO n. 2: non sono gli altri a farci arrabbiare. La vera causa della rabbia sono i nostri pensieri, cioè i giudizi sugli altri, le etichette, i preconcetti su quello che le persone "dovrebbero" fare e su quello che "si meritano".

Fase 3) Individuare il bisogno.

Cosa possiamo fare allora di veramente utile quando ci sentiamo arrabbiati? Innanzitutto guardare dentro di noi e cercare di capire i nostri bisogni. Così facendo, poiché siamo concentrati sui nostri bisogni, non proveremo rabbia.

Una seconda possibilità è cercare di capire i bisogni degli altri. Anche in questo caso non proveremo rabbia. Cosa accade invece? Che non ci concentriamo né sui nostri bisogni né su quelli degli altri. E sprechiamo energie preziose a giudicare noi stessi o gli altri. Se giudichiamo noi stessi ci addossiamo la colpa della situazione.

Se invece giudichiamo le altre persone, le incolpiamo di essere cattive, incompetenti, di agire in un certo modo solo per farci del male.

Ti consiglio di concentrarti sui tuoi bisogni lasciando da parte i giudizi su te stesso e gli altri. È proprio questa infatti la chiave per gestire la rabbia: capire quale tuo bisogno non è soddisfatto in quel momento.

Ecco perché all'inizio ti dicevo che la rabbia è un dono. Essa è un campanello d'allarme che ti parla dei tuoi bisogni. E sai perché? Perché i nostri sentimenti nascono dai nostri bisogni.

Se proviamo un sentimento piacevole, significa che i nostri bisogni sono soddisfatti. Se proviamo un sentimento spiacevole, significa che un nostro bisogno non è soddisfatto. In definitiva, alla base della rabbia c'è un bisogno non soddisfatto.

SEGRETO n. 3: i nostri sentimenti nascono dai nostri bisogni. Se proviamo un sentimento spiacevole, significa che un nostro bisogno non è soddisfatto. Per gestire la rabbia è necessario capire quale bisogno non è soddisfatto in quel momento.

Abbiamo fatto più volte riferimento ai nostri "bisogni". Ma quali sono nello specifico? Ci sono diversi tipi di bisogni:
- Bisogni vitali: mangiare, bere, respirare, dormire.
- Bisogno di sentirsi sicuri fisicamente, materialmente e moralmente.
- Bisogno di relazioni sociali: bisogno di scambio con gli altri, di amore, amicizia.

- Bisogno di riconoscimento: abbiamo bisogno di sentire che valiamo.
- Bisogno di autonomia: bisogno di sapere che siamo liberi di scegliere.
- Bisogno di senso: sapere che la nostra vita ha un senso.

SEGRETO n. 4: abbiamo diversi tipi di bisogni: vitali, di sicurezza, di relazioni sociali, di riconoscimento, di autonomia, di senso.

Esercizio.
Quali bisogni sono più importanti per te in questo momento? Fai una classifica dal più importante al meno importante. Poi per ciascuno di essi aggiungi il tuo grado di soddisfazione (scala da 0 a 10). Annotalo sul tuo quaderno.

Riepilogando, quando senti la collera lievitare dentro di te, ti consiglio di fare i seguenti passi mentali per trasformare la rabbia in un bisogno.

Domandati: qual è lo stimolo interno della mia rabbia?

Individualo e tienilo separato dalla vera causa della rabbia.

Ricorda che sono i tuoi pensieri e giudizi a farti arrabbiare. Di conseguenza chiediti: che cosa sto dicendo a me stesso che mi sta facendo arrabbiare?

Dopo avere individuato il giudizio, domandati: "Quale bisogno si nasconde dietro questa valutazione che sto facendo?". È fondamentale trasformare il giudizio nel bisogno che sta dietro.

Dopo aver scoperto questo bisogno, sentirai la rabbia trasformarsi in un sentimento. A questo punto sei consapevole dei tuoi pensieri, dei tuoi giudizi, dei tuoi bisogni e sentimenti.

SEGRETO n. 5: quando senti la collera lievitare dentro di te, allontanati e fai qualche esercizio fisico per sbollire la rabbia. Chiediti: "Qual è lo stimolo interno della mia rabbia? Che cosa sto dicendo a me stesso che mi sta facendo arrabbiare? Qual è il mio bisogno non soddisfatto?".

Esercizio. Pensa a una situazione in cui ti sei sentito arrabbiato.

Rivivila come se stesse accadendo di nuovo. Ricorda il luogo in cui ti trovavi, i suoni attorno, la persona con cui discutevi. Prendi il tuo quaderno e scrivi le risposte alle seguenti domande.

Cosa faceva o diceva la persona per farti arrabbiare? Individua gli stimoli della tua rabbia. Cosa pensavi in quel momento di quella persona? Facevi dei giudizi su di lei/lui?

Pensavi che si comportasse male con te? Pensavi che meritasse una punizione per quello che ti faceva? Cosa pensavi di te? Avresti dovuto fare qualcosa?

Trasforma tutti i tuoi pensieri in bisogni. Rimani in silenzio e diventa consapevole dei tuoi bisogni non soddisfatti.

Adesso completa la seguente frase:
Ora che mi rendo conto che avevo bisogno di (…) e di (…) e che questi bisogni non erano soddisfatti, mi sento…

Osserva cosa accade dentro di te. Cosa provi? Quali sono le tue sensazioni fisiche? Prendi un quaderno e scrivi.

Mi sento (...triste, addolorato...).

Ho questa sensazione fisica (...un peso allo stomaco, i muscoli contratti...).

Ora immagina di esprimere la tua rabbia alla persona che quella volta ti ha fatto arrabbiare. Riscrivi e completa sul tuo quaderno la frase che trovi qui sotto.

Quando hai fatto/detto (...), mi sono sentito (...) perché avevo bisogno di (...).

Ricordo nitidamente quella volta che feci fare quest'esercizio ad Anna. La cosa in realtà non era stata programmata. Quel giorno le avevo promesso che sarei andata a farle visita. Ma quando Anna venne ad aprirmi la porta ebbi un'amara sorpresa. Era in lacrime. Singhiozzava rumorosamente.

"Anna, ma che succede?", esclamai.

E lei: "È tutta colpa di quello lì... è un mascalzone".

"Chi è quello lì?", le chiesi.

"È Gianni, un mio collega. È cattivo, è un insensibile". E ancora

pianti e insulti. E poi: "Mi ha fatto male... Mi ha fatto male...".
"Ti ha picchiato?", domandai preoccupata.

Mi rassicurò: "No, no. Mi ha offesa". "In che modo ti ha offesa?".
"Ecco... lui ha fatto... cioè... non è che ha fatto qualcosa in particolare... mi ha umiliata".

Perplessa, le chiesi: "Ti ha fatto fare una brutta figura in pubblico?" Mi tranquillizzò di nuovo: "No, no, non ci siamo proprio visti oggi".

Il mistero si infittiva. Davvero non ci capivo nulla. E intanto continuava a ripetere all'infinito: "È cattivo, è un bastardo, è un delinquente". Quanti giudizi... Quali erano i suoi bisogni dietro questi giudizi così severi? Volevo scoprirlo.

Per prima cosa, per calmarla, le feci fare l'esercizio di respirazione addominale per qualche minuto. Poi tornai alla carica con le domande. Dopo una buona mezz'ora riuscii a ricostuire l'accaduto.

Gianni era un collega con cui era solita uscire a pranzo. Quel giorno però lui non l'aveva chiamata per pranzare insieme, come faceva tutti i giorni. Lei allora uscì da sola e in lontananza vide Gianni con un'altra loro collega. Nel vederli insieme, Anna si sentì salire il sangue al cervello e scappò via rabbiosa.

Le chiesi di chiudere gli occhi e di concentrarsi su quello che provava. "Angoscia, disperazione… e poi ho un macigno sullo stomaco", fu la sua risposta.

E diceva ancora: "Ma come si permette di trattarmi così? Non sa che posso avere tutti gli uomini del mondo? Per chi mi ha presa? Per una donnetta da due soldi? Non è giusto. Oggi non mi ha nemmeno chiamata. In tutto questo tempo che siamo usciti insieme mi ha sempre illuso… Non è giusto!".

Continuò a urlare e inveire contro Gianni. Le feci altre domande per far emergere i sui bisogni. Ci volle tempo perché, volendo apparire come donna forte e in carriera, faticava ad ammettere le sue fragilità.

A un certo punto, la svolta. Tirò un sospiro e disse, prendendosi la testa tra le mani: "Solo ora me ne rendo conto... dopo tutto questo tempo... ora mi è chiaro... io ho bisogno di... essere considerata da lui!".

"In che senso considerata?", insistetti. "Nel senso che... sì, insomma... ecco... non so come dirlo... lo ammetto... sono innamorata di lui... Del suo amore. Ecco di cosa ho bisogno. Me ne rendo conto solo ora. Anche lui prova qualcosa per me... lo sento ma... non si è mai fatto avanti".

Nel dirlo la sua collera svanì. Si rese conto che aveva bisogno delle attenzioni di Gianni e di sentirsi amata da lui. Poi le proposi: "Anna, facciamo una simulazione. Facciamo finta che io sia Gianni. Parlami. C'è qualcosa che mi vuoi dire?".

Allora cominciò a dire: "Gianni, quando ti vedo scherzare con altre donne io sono triste perché vorrei un rapporto più stretto con te".

E io: "Come più stretto? Che intendi?". "Beh, sai... più intimo...

provo dell'affetto per te. Mi manchi quando non ci sei. Sono innamorata di te. Ho bisogno di sapere se anche tu provi le stesse cose per me".

E mentre simulava questa conversazione con Gianni, si lasciò andare completamente. Mi sembrava di vedere un'altra persona. Non la Anna che conoscevo, restia a manifestare i suoi sentimenti.

Poi scoppiò a ridere. Una risata fragorosa, liberatoria. "Sì! Ce la posso fare! Andrò da lui e glielo dirò. Non ho più paura di dirgli quello che provo. Sono pronta anche a un rifiuto. Ora so che ho bisogno di chiarezza: sì o no. O la va o la spacca".

Poi mi abbracciò forte. "Grazie, davvero, mi hai salvato! Ero in crisi. Soffrivo. Ero confusa. Ora sto bene e mi è tutto chiaro. Sei un angelo.".

Ero davvero felice di averla aiutata. E commossa fino alle lacrime. Vuoi sapere come è finita? Anna e Gianni sono felicemente sposati da due anni…

RIEPILOGO DEL CAPITOLO 2:

- SEGRETO n. 1: la rabbia è un'emozione fondamentale (o di base) insieme a paura, disgusto, felicità, tristezza e sorpresa. La funzione della rabbia è di darci l'energia necessaria per distruggere tutti gli ostacoli che possono minacciare la nostra sopravvivenza.
- SEGRETO n. 2: non sono gli altri a farci arrabbiare. La vera causa della rabbia sono i nostri pensieri, cioè i giudizi sugli altri, le etichette, i preconcetti su quello che le persone "dovrebbero" fare e su quello che "si meritano".
- SEGRETO n. 3: i nostri sentimenti nascono dai nostri bisogni. Se proviamo un sentimento spiacevole, significa che un nostro bisogno non è soddisfatto. Per gestire la rabbia è necessario capire quale bisogno non è soddisfatto in quel momento.
- SEGRETO n. 4: abbiamo diversi tipi di bisogni: vitali, di sicurezza, di relazioni sociali, di riconoscimento, di autonomia, di senso.
- SEGRETO n. 5: quando senti la collera lievitare dentro di te, allontanati e fai qualche esercizio fisico per sbollire la rabbia. Chiediti: "Qual è lo stimolo interno della mia rabbia? Cosa sto dicendo a me stesso che mi sta facendo arrabbiare? Qual è il

mio bisogno non soddisfatto?".

Capitolo 3:
Come ascoltare per non litigare

In questo capitolo imparerai qual è la prima abilità per comunicare efficacemente con tutti e prevenire i conflitti. È una qualità fondamentale. Ti consiglio di studiare bene questa parte e di tornarci su varie volte, senza dare nulla per scontato.

Secondo te cosa è più importante nella comunicazione: parlare o ascoltare? Pensaci un attimo. Ti sei fatto un'idea? Bene, nella comunicazione è più importante …Anzi. Ti chiedo ancora un momento di pazienza. Prima di darti la risposta voglio raccontarti un episodio che mi è capitato anni fa.

Mettiti comodo, rilassati, chiudi gli occhi e respira profondamente, e mentre ti parlo prova a vedere la scena nella tua mente. Immagina di essere anche tu lì con me, in quella situazione che risale a circa vent'anni fa.

All'epoca non sapevo nulla di programmazione neuro-linguistica, coaching e comunicazione in generale. Per cui osservai la vicenda che sto per raccontarti non certo con l'occhio dell'esperto di comunicazione. Eppure l'episodio mi colpì. Vuoi sapere perché? Seguimi e lo scoprirai.

Quel sabato sera mi trovavo a una festa di compleanno in un appartamento a Milano. Un party come tanti, nulla di particolare. Era luglio. Le ferie estive erano alle porte. C'era da aspettarsi la solita domanda sulle vacanze.

Mi aggiravo attorno al tavolo del buffet. "Allora, cosa fai per le ferie?", mi chiese un uomo che non conoscevo. Si chiamava Andrea. "Ecco… È arrivata la solita domanda sulle vacanze… Puntuale come un orologio svizzero", pensai. Mi girai pensando che la domanda fosse rivolta a me.

Invece vidi due uomini uno di fronte all'altro. La conversazione era tra loro due. I due uomini erano vicinissimi a me. Pur non volendolo, sentivo distintamente tutta la conversazione. L'altro uomo, Marco, descrisse nel dettaglio i suoi programmi per l'estate: "Dal 10 al 17 agosto andremo con mia moglie e i bimbi in montagna in Calabria. Un amico mi presta il suo chalet perché va all'estero. Quindi non pagheremo nulla".

Nel frattempo Andrea si era girato verso il buffet e dava le spalle a Marco, che parlava come un fiume in piena. Andrea incominciò a tempestarmi di domande riguardo le portate in bella vista sul tavolo. E si dimenticò completamente di Marco, il quale, abbandonato a se stesso, conversava da solo. Il dialogo Andrea-Marco era diventato il monologo di Marco. E, di certo, non senza effetti comici.

Marco: "Per accontentare i bambini andremo dieci giorni al mare in Sardegna. Quindi staremo dal 18 al 28 agosto al mare. Abbiamo preso in affitto un delizioso residence che è a due passi dalla spiaggia…

Il residence ci è piaciuto perché è in una posizione centrale. Non c'è bisogno di prendere l'automobile. Basta attraversare la strada e sei in spiaggia. E che spiaggia! Enorme, di sabbia fine e dorata. Per la sera ci sono tanti locali, pizzerie, ristoranti. Poi, alla fine di agosto, di ritorno dalle vacanze, ci fermeremo un week-end a Gardaland. Sai, per i bambini...".

Andrea, dopo varie manovre al buffet, stava di nuovo davanti a Marco. Durante la spiegazione aveva fatto tutto tranne che ascoltarlo. Sembrava proprio che i due uomini non stessero parlando tra loro. Di fatto Marco parlava da solo, in piedi, con il piatto vuoto in mano. E Andrea stava anche lui per conto suo, intento a mangiare.

Dopo aver ingoiato l'ultimo boccone, Andrea sembrò di nuovo interessato al suo interlocutore. "Ah, quindi mi dicevi che vai in ferie ad agosto? Ma che periodo precisamente?", farfugliò Andrea.
Marco: "Dal 10 siamo in ferie, come ti ho già detto...". "Ah, dal 10? Ma fino a quando? Dove andate: mare o montagna?". Marco aggrottò le sopracciglia. Cominciava a irrigidirsi visibilmente.

"Ma ti ho detto che facciamo entrambi quest'anno". Andrea: "Ah! e dove al mare?" Marco: "Te lo ripeto: in Sardegna". Andrea: "La Sardegna... Che bel posto! Ma in che albergo starete?" Marco:

"Nooo, nessun albergo! Ti ho detto che staremo in un residence…". Andrea: "Ah e fino a quando starete in Sardegna?".

Marco era diventato scuro in volto. Mascella serrata, parlava il minimo indispensabile. Sembrava anche agitato e impaziente di andarsene.

Andrea però non si accorse di questo cambio di umore del suo interlocutore. Continuava a fare domande esattamente sui particolari che Marco gli aveva già descritto ma che Andrea non aveva recepito, preso da altre cose.

La pazienza, si dice, ha un limite. E in quell'esatto istante la pazienza di Marco raggiunse proprio quel limite. L'uomo era su tutte le furie. Non ce la faceva più. Se ne erano accorti anche i presenti che ascoltavano quella conversazione ormai divenuta grottesca…

"No! No! No! Ma mi ascolti quando parlo?" e se ne andò sbraitando. Andrea cadde dalle nuvole. Allibito, mi chiese "Eh? Ma cosa ho fatto di così grave? perché è scappato?".

Sai come finì quella serata? Feci le ore piccole a spiegare ad Andrea come ascoltare attivamente le persone!

Secondo te, perché Marco è fuggito in quel modo? E tu, come ti saresti sentito al posto di Marco? Cosa avresti fatto?
Se non vuoi che il tuo interlocutore fugga via seccato come ha fatto Marco, ricorda: "Dio ci ha dato due orecchie, ma soltanto una bocca, proprio per ascoltare il doppio e parlare la metà" (Epitteto).

Ecco qual è la risposta alla domanda iniziale: tra parlare e ascoltare è più importante ASCOLTARE.

Facci caso: ci sono moltissimi manuali, articoli, corsi che insegnano a comunicare. Però ben pochi insegnano ad ascoltare.
In genere all'ascolto viene data un'importanza secondaria. Tutti parlano, cercano di distinguersi, di convincere. Tutti si affannano a raccontare la propria storia, i loro problemi. Ma pochi ascoltano.

Ti consiglio dal profondo del cuore di non fare anche tu quest'errore. "prima" ascolta, "poi" parla. Voglio fare di te un eccellente comunicatore. E voglio che impari a prevenire i conflitti. Per questo ti dico: "prima" ascolta, "poi" parla. Tanti (troppi) litigi nascono dal non aver ascoltato con attenzione.

Siamo presi da altre cose e ascoltiamo in modo superficiale. Solo qualche parola qua e là. Non certo tutta la frase che l'altro ci dice. Ma che scherziamo? Troppo tempo, troppa fatica! Poi bofonchiamo qualcosa a caso. Risultato: l'altra persona capisce tutto e... apriti cielo! Perde la pazienza.

SEGRETO n. 1: per comunicare efficacemente e prevenire i conflitti è fondamentale imparare ad ascoltare.

Ecco perché ti ripeto ancora una volta che è fondamentale saper ascoltare. Ascoltando attivamente qualcuno puoi entrare nella sua "mappa". Non c'è altro modo per conoscere il tuo interlocutore.

Pensaci: comunicare significa letteralmente "mettere in comune qualcosa". E come puoi mettere qualcosa in comune con un'altra persona se prima non sai cosa pensa? Non puoi farlo, vero? Prima devi – per così dire – "entrare in casa" dell'altra persona. E quale è la chiave magica per aprire la porta di questa "casa"? È proprio l'ascolto. O, meglio, l'ascolto attivo.

L'ascolto attivo ti permette di passare dal semplice "parlare" al "comunicare". Un buon comunicatore deve saper ascoltare. In caso contrario, non è un comunicatore, ma un oratore.

Ascoltando con attenzione crei un clima di fiducia ed empatia con l'altra persona; entri nel mondo dell'altro, capisci il suo punto di vista, fai le giuste domande e riesci a gestire anche le situazioni critiche.

SEGRETO n. 2: ascoltando attivamente qualcuno puoi entrare nel suo mondo, creare un clima di fiducia ed empatia, fare le giuste domande e gestire anche le situazioni critiche.

Ora mi chiederai: ma che vuol dire ascoltare attivamente? E come si fa? Ora vedremo insieme i sette passi dell'ascolto attivo. Mettili in pratica. Esercitati più volte, finché saranno diventati gesti automatici per te.

1) Tacere

Ascoltare significa dire alla persona di fronte a te: "Eccomi, sono al tuo servizio. Mi metto qui in un angolo. Parla pure". In parole povere: lascia il palcoscenico al tuo interlocutore.

È lui il protagonista, non tu. Le luci della ribalta devono essere concentrate su di lui. Per cui: esci di scena e vai a sederti in prima fila ad ascoltarlo. Il tuo compito è osservare quanto avviene sul palco.

Quindi, quando qualcuno ti parla, rimani in religioso silenzio per almeno otto secondi. Può sembrare un tempo breve, ma non lo è. Anche se pensi di aver afferrato ciò che il tuo interlocutore vuole dire, tieni a freno la lingua. "L'arte dell'ascolto è un processo delicato che richiede pazienza, modestia, ricettività e lo sforzo di restare zitti" (Jerome Liss, psicologo).

Non intervenire. Non sovrapporti al tuo interlocutore. Non fare obiezioni e domande. Non completare la frase di chi parla. Non suggerire le parole se ha un'incertezza. Altrimenti perderà il filo del discorso. E anche... la pazienza. Molte liti scoppiano in questo modo.

Ricordi gli anni della scuola? Ah, bei tempi quelli! La maestra diceva sempre: "Si parla uno alla volta. Per prendere la parola alzate la mano e aspettate il vostro turno.". Eh già. Allora era facile... E come mai invece crescendo è diventato così difficile?

Molte volte nelle discussioni hanno la meglio i prepotenti che interrompono e strappano la parola. Evita questi comportamenti. Aspetta pazientemente il tuo momento per parlare. Lascia finire il discorso.

Se ti viene in mente qualcosa di vitale importanza, prendi un appunto scritto. Questo metodo può sembrare curioso. Ma se spieghi alla persona di fronte a te che lo fai per non disturbarlo mentre parla, stai certo che lo apprezzerà moltissimo. E se invece sei tu a parlare ed è l'altro a intervenire? In questo caso fai gentilmente notare al tuo interlocutore che ti ha interrotto.

Rassicuralo che dopo tornerete su quanto sta a cuore a lui. E riprendi il discorso da quello che stavi dicendo. Tacere è una regola basilare. Ti potrà sembrare scontata. Eppure ti assicuro che spesso non viene rispettata. Per cui primo step: ascolta in silenzio.

Attenzione, però. Tacere non significa solo tenere la bocca sigillata. Vuol dire concentrarsi *davvero* sul messaggio che l'altro ti sta inviando. Significa seguire veramente il ragionamento dell'altro.

Ho constatato di persona che molto spesso sembra che chi sta zitto stia ascoltando. Ripeto: sembra che stia ascoltando. Poi, quando chi taceva comincia a parlare... cosa salta fuori? Che in realtà pensava solo a cosa dire subito dopo!

Molto spesso chi tace non ascolta sul serio. Semplicemente, sta solo aspettando il suo turno per parlare. Altro che dialogo! Si tratta in realtà di due monologhi distinti: da un lato c'è chi parla (al vento), dall'altro chi tace ma in realtà si organizza le idee.

2) Ascoltare per apprendere
Voglio che ti sia ben chiara una cosa. Ascoltare attivamente *non* significa lasciar parlare l'altro a ruota libera per farlo sfogare.

Non è sufficiente. L'ascolto deve essere appunto attivo.

È fondamentale che tu acquisisca la giusta mentalità nell'ascoltare. Cosa significa? Significa che devi ascoltare per apprendere. Parti dal presupposto che la persona che ti parla è una miniera di informazioni utili per te.

Questo è quello che faceva Steve Jobs. Egli frequentava persone che avevano maggiori conoscenze di lui. Quando queste gli parlavano, lui le ascoltava per "assorbire" letteralmente informazioni. Poi riusciva a collegare in modo geniale tutti questi spunti. È così che creava prodotti innovativi.

3) Interrompere le altre attività

Al bando il multitasking. Non è una buona cosa quando qualcuno ti parla (in realtà gli studiosi hanno dimostrato che non è *mai* una buona cosa...). Quando dialoghi con qualcuno dimentica che hai mille cose da fare. Le farai dopo. Non sarà la fine del mondo se rinvii di poco le tue attività.

Se ci pensi bene, ti renderai conto che gli adempimenti veramente urgenti sono pochi. Gli altri sono rinviabili ad un momento più tranquillo, quando sarai da solo.

Risponderai con calma alle telefonate, sms, e-mail. Leggerai il tuo giornale preferito più tardi. Ti collegherai dopo ai vari social network. In sintesi: durante la conversazione stacca la spina da tutte le varie incombenze.

Approfittane per concederti una pausa dalla frenesia moderna. Concentrati solo sul tuo interlocutore. Lui se ne accorgerà e ti sarà grato. Si sentirà importante e coccolato da te.

Non c'è nulla di più irritante e frustrante che parlare e rendersi conto che invece l'altro ha la mente altrove. Lo so per esperienza diretta. Non sai quante volte mi è capitato ad esempio di parlare in riunioni di lavoro con colleghi che continuavano a telefonare, a chattare, a scrivere al pc.

Se vuoi essere un comunicatore eccellente dedica tutto il tuo tempo e la tua attenzione al tuo compagno di conversazione. Così faceva ad esempio Milton Erickson, il più grande ipnoterapeuta di tutti i tempi. Quando era con un paziente, per lui non esisteva null'altro al mondo. Egli era totalmente concentrato sulla persona che aveva di fronte. Anche fisicamente, era tutto proteso in avanti verso l'altro.

Era letteralmente immerso nella conversazione. Non si lasciava sfuggire una parola del suo paziente. Riusciva a coglierne anche la più piccola sfumatura emotiva. Se vuoi comunicare in modo efficace prevenendo i conflitti anche tu devi essere totalmente concentrato su chi ti sta parlando. Accantona quindi tutte le altre attività.

4) Sospendere il giudizio e non dare consigli
L'altra cosa fondamentale che devi fare mentre taci è sospendere il giudizio. Quindi mentre l'altro ti parla dovrai evitare di pensare (e ovviamente di dire): "Che brutta cosa!", "Che cosa stupida!", "Fossi in te non lo farei…".

Tu sei tu. Lui è lui. Siete persone diverse. Ricordati sempre che "la mappa non è il territorio". Ognuno ha la sua visione del mondo. Di conseguenza tieni la mente aperta e libera dai pregiudizi. Interessati in modo sincero alle persone per coglierne la bellezza interiore. Accetta e apprezza le persone esattamente come sono.

Astieniti dal giudizio e il clima sarà sereno, di autentica comprensione. Viceversa, esprimere giudizi mortifica e mette a disagio l'interlocutore.

C'è anche un'altra trappola da evitare: dare consigli. Evita di elargire consulenze, a meno che non ti vengano chieste esplicitamente. Mettiti bene in testa che la persona di fronte a te non vuole la tua opinione. Non sta cercando un consigliere. Piuttosto, sta cercando un confidente. E sai perché? Perché in definitiva a lui interessa solo se stesso, nessun altro.

La verità è che siamo tutti egoisti, nel senso "buono" del termine. Chi è la persona più importante per noi? Siamo noi stessi. Poi vengono gli altri. Per ciascuno di noi la nostra storia è unica. Chi può sapere meglio di noi cosa abbiamo provato in una certa situazione? È normale irritarsi se qualcuno ci dice, sulla base della sua esperienza, cosa è giusto fare.

Ricorda: l'altro vuole solo raccontare la sua storia con dovizia di particolari. E vuole un pubblico (tu!) che lo ascolti in religioso silenzio senza commenti, suggerimenti e consigli vari. Dimentica espressioni come: "Capisco benissimo cosa provi", "Ci sono passato anche io", "Mi è successa la stessa cosa", "Fai così e ti troverai bene", "Secondo me dovresti fare così".

Riepilogando:
- ascolta in religioso silenzio
- concentrati sui contenuti
- niente giudizi e consigli

5) Fare domande

Le domande sono uno strumento eccellente per entrare in sintonia con gli altri, per comprenderli e influenzarli. Conosci il detto "Chi domanda, comanda?" Quando qualcuno ti fa una domanda, il cervello cerca immediatamente una risposta adeguata. Ecco perché facendo le giuste domande, puoi guidare l'attenzione del tuo interlocutore.

Ci sono due tipi di domande: domande chiuse e domande aperte.

Vediamole meglio.

Le domande chiuse sono quelle domande che implicano come risposta un sì o un no. Oppure, in ogni caso, una sola parola.

Esempi:
- Hai sonno? Risposta: sì/no.
- Ti piace il nuovo film di...? Risposta: sì/no.
- Mi sono spiegato? Risposta: sì/no.

Devo avvisarti. Stai attento quando fai domande chiuse. Usare troppe domande chiuse può essere rischioso. Il primo rischio, in effetti, è che la comunicazione finisca bruscamente. Infatti se chiedi a un amico: "Ti va di mangiare una pizza insieme stasera?". Lui ti può rispondere sì o no. Se la risposta è sì, hai raggiunto il tuo obiettivo. Se la risposta è no, la conversazione è finita.

Considera che in realtà le domande chiuse non ti aiutano veramente ad avere informazioni sul mondo dell'altro. Questo perché non permettono di ampliare la risposta. Per cui, se vuoi conoscere meglio l'altro, usa con cautela le domande chiuse.

Se invece hai già sondato il terreno e sai con esattezza quali sono le esigenze dell'altra persona, puoi fare domande chiuse per escludere le alternative rimaste. Immagina ad esempio di avere un bar. Se un cliente ti chiede lo zucchero per il caffè, puoi domandare: "Preferisce lo zucchero bianco o quello grezzo di canna?" Quindi: questo o quello?

Veniamo ora alle domande aperte. Sono quelle domande che iniziano per "che cosa", "come", "quale", "perché".
Ad esempio:

- Che cosa ne pensi di...?
- Come vedi la situazione...?
- Quale è la tua opinione a riguardo...?
- Perché dici che...?

Quindi le domande aperte non prevedono risposte secche del tipo sì/no. Se fai una domanda aperta, il tuo interlocutore può darti una risposta ampia. Può spiegarti qualcosa in modo completo. Riesce ad esprimere davvero ciò che pensa e che prova.

Immagina ad esempio di incontrare un amico che è appena

tornato da un viaggio ai Caraibi. Se gli chiedi: "È bello il mare ai Caraibi?", ti risponderà solo sì o no. Lui magari ha visto così tante cose che ti potrebbe parlare per ore. Ma, visto che gli hai fatto una domanda secca, ti darà una risposta essenziale. Ti confermerà solo se il mare è bello oppure no, senza aggiungere altro.

Invece se gli chiedi "Com'è il mare ai Caraibi?", ti descriverà la sua esperienza nei minimi particolari. Ti dirà quali aspetti del mare gli piacciono di più, quali di meno. In definitiva, è con le domande aperte che riesci a scoprire la mappa dell'altro. È proprio grazie alle domande aperte che si realizza l'ascolto attivo.

Un discorso a parte merita la domanda aperta "perché?" In Pnl se ne fa un uso molto oculato. Il motivo è che se chiedi il perché di una certa cosa, vai alla ricerca della causa. In questo modo spesso si ingigantisce il problema.

Immagina che qualcuno ti chieda: "Perché ti sono antipatico? Perché non ti comporti bene con me?". In tutta sincerità, dimmi: cosa puoi rispondergli? Con questa domanda lui sta cercando di capire la causa di una certa situazione. E man mano che scava alla ricerca della spiegazione, il problema diventa più grande.

Qualsiasi risposta gli darai riguardo il motivo per cui ti sta antipatico lo farà stare ancora peggio. Ecco perché in Pnl non ci si chiede "Perché?". Piuttosto ci si domanda: "Come posso superare questa situazione?". In questo modo si sposta il focus dal problema alla soluzione.

Questo, chiaramente, non ti deve portare a eliminare completamente la parola "perché" dal tuo vocabolario. In linea di massima, il perché va evitato quando si riferisce a un fatto già avvenuto – che non ha dato un esito soddisfacente – che coinvolge la persona con cui stiamo parlando. In questo caso, se chiedi "perché?", l'altro si sentirà attaccato, si giustificherà, scaricherà su altri la responsabilità.

Se chiedo a mia figlia: "Perché non hai fatto i compiti che la maestra ti ha assegnato?". La mia bambina mi dirà: "Perché ero stanca", oppure "Perché la maestra non mi ha spiegato come farlo" o cose simili. Cercherà di giustificarsi inventando una scusa. Capisci da solo che in questi casi il "perché" è inutile.

6) Usare frasi di rinforzo
Per far capire al tuo interlocutore che lo stai ascoltando puoi esortarlo con frasi del tipo:
- "Vuoi parlare di più di quest'argomento?"
- "Ah sì?"
- "Interessante"
- "Davvero?"

7) Sintetizzare il messaggio
Dopo che la persona ha finito di parlare, riassumi e riformula le cose principali che ha detto. Questo è un feedback prezioso sia per te sia per il tuo interlocutore. Tu capirai se hai ben inteso quanto lui ti ha detto. Lui si sentirà ascoltato davvero.

Utilizza frasi del tipo:
- "Correggimi se sbaglio, stai dicendo che…"
- "Quindi se ho capito bene tu dici che…"
- "Se ho ben capito ti senti amareggiato perché…"

Spesso non chiediamo conferma di ciò che abbiamo ascoltato. Sai perché? Semplicemente perché ci vergogniamo di non aver capito subito. Questa è una zavorra mentale che ci portiamo dietro dai tempi della scuola. Magari all'epoca qualcuno ci ha fatto sentire stupidi per non essere stati molto rapidi nell'apprendere qualcosa.

Vuoi un consiglio? Non curartene. Il passato è passato. Non si può modificare. Ma di sicuro possiamo modificare il presente e il futuro. Quindi, d'ora in poi, alla fine di ogni dialogo riformula quanto la persona ti ha detto. Vedrai, i risultati ti stupiranno!

SEGRETO n. 3: i sette passi per ascoltare attivamente sono: 1) tacere; 2) ascoltare per apprendere; 3) interrompere le altre attività; 4) sospendere il giudizio e non dare consigli; 5) fare domande; 6) usare frasi di rinforzo; 7) sintetizzare il messaggio.

Ascoltare con il corpo
Sai che non conta solo ciò che si dice, ma anche e soprattutto *come* lo si dice? Devi sapere che la comunicazione ha tre componenti fondamentali:
- verbale: ciò che si dice. È il contenuto della comunicazione

(parole, frasi ecc.);
- paraverbale: il modo in cui vengono espressi i contenuti, il tono della voce, le pause;
- non verbale: il linguaggio del corpo, i gesti e le espressioni del viso.

Negli anni '50 il professor Albert Mehrabian dimostrò che il significato percepito dal nostro interlocutore è determinato per lo più dal nostro linguaggio non verbale (55%) e paraverbale (38%) e solo in minima parte (7%) dalle parole che utilizziamo. Ecco perché non conta tanto cosa si dice ma *come* si dice qualcosa.

Immagina che un tuo amico ti dica con tono allegro e sorridendo: "Devo dirti una cosa". Di cosa pensi che si tratti? Di una buona notizia, vero? E cosa pensi invece se ti dice le stesse parole ma con tono triste? Temi che si tratti di una brutta notizia, giusto?

Ma c'è anche un altro aspetto da considerare. Secondo lo studioso, una comunicazione è efficace se il linguaggio verbale, paraverbale e non verbale sono congruenti. In altre parole, devono esprimere la stessa cosa. Tutti e tre devono inviare lo stesso messaggio.

E se questi tre livelli della comunicazione non sono allineati? Immagina ad esempio che una persona ti dica: "Evviva! Sono contento!". A parole ti comunica gioia. Ma parla con un tono di voce basso e dimesso, guardando il pavimento e tenendo le braccia incrociate... in questo caso che messaggio ti arriva? Sei davvero convinto che sia contento?

Mehrabian ci insegna che prevale il linguaggio non verbale. Il corpo non mente. Con le parole si può mentire, ma con il corpo non è possibile. I gesti sfuggono al controllo della mente e per questo svelano i nostri veri sentimenti.

SEGRETO n. 4: la comunicazione ha tre componenti fondamentali: verbale (ciò che si dice), paraverbale (il modo in cui vengono espressi i contenuti), non verbale (il linguaggio del corpo). Se non sono congruenti, prevale la comunicazione non verbale.

Ora sai che il corpo invia dei messaggi molto potenti. Questa è un'informazione preziosa che puoi sfruttare a tuo vantaggio. Infatti puoi usare il linguaggio del corpo per far capire al tuo interlocutore che lo stai ascoltando davvero. Devi semplicemente inviargli specifici segnali, i cosiddetti "segnali di gradimento". Vediamoli insieme.

Postura

Il modo in cui ti poni verso l'altro dice molto di te. La tua postura deve essere forte ed eretta: apri le spalle, Raddrizza la schiena. Viceversa, se tieni le spalle curve, comunicherai chiusura.

Mettiti di fronte al tuo interlocutore. In questa posizione lui si sentirà ascoltato. Non parlargli di profilo e non dargli le spalle. Se siete in piedi, stai attento a come metti i piedi: devono essere entrambi puntati verso di lui. Se hai un piede aperto e rivolto verso l'esterno, inconsciamente stai dicendo che non vedi l'ora di andar via.

Ogni tanto, inclinati con il busto in avanti verso chi parla. Oppure, se siete in piedi, avvicinati a lui. Comunicherai che ha toccato un punto di tuo interesse e sul quale siete probabilmente d'accordo. Inclina la testa di lato: è un ottimo segnale di ascolto attivo. Annuisci: capirà che oltre ad ascoltarlo condividi le sue idee.

Tieni braccia e mani aperte: è segno di apertura mentale. I tuoi gesti devono risultare sciolti e rilassati. In questo modo comunichi disponibilità verso l'altro, nonché fiducia in te stesso.

Di tanto in tanto, metti una mano contro la guancia. Il messaggio che invii è "sto partecipando a quanto mi stai dicendo". Leccati le labbra, sfiorale, mordicchiale. Così facendo comunichi: "interessante, mi piacerebbe…". Unisci le labbra proprio come se stessi mandando un bacio. È il cosiddetto "bacio analogico".

Viso
Rilassa tutti i muscoli del volto e sorridi in maniera naturale. In questo modo l'altro capirà che sei perfettamente a tuo agio. Occhio, però: il sorriso spontaneo è quello che coinvolge anche gli occhi. In altri termini: se sorridendo ti si creano delle rughette ai lati degli occhi, la persona che ti è di fronte capisce che il tuo sorriso arriva dal cuore.

Se invece ti limiti a sorridere solo con la bocca, ma non si creano queste rughette, non convincerai nessuno. Chi ti sta di fronte intuirà che il tuo è solo un sorriso di circostanza.

Sguardo

Lo sguardo è importantissimo. Errori da evitare: non guardare affatto la persona (magari per timidezza) o guardarti troppo attorno. Quest'ultimo è un comportamento tipico delle persone passive e trasmette scarso interesse e insicurezza.

Ricordati invece di mantenere sempre un contatto visivo con chi ti parla. Guarda il tuo interlocutore in modo diretto ma al tempo stesso rilassato. In questo modo mostri interesse senza diventare invadente.

La conversazione sarà fluida e al tempo stesso efficace. No invece allo sguardo troppo insistente, risulteresti aggressivo. Da evitare anche l'aria scettica, critica o ironica.

Voce

Utilizza un tono di voce adeguato, equilibrato e ben modulato. Deve essere convincente ma al tempo stesso piacevole. Ti sconsiglio sia di parlare con un tono di voce troppo basso, sia con un tono di voce troppo alto. Se parli a voce troppo bassa, l'altro potrebbe giudicarti insicuro.

Viceversa, se parli a voce troppo alta, potresti risultare aggressivo. E la persona potrebbe mettersi sulla difensiva. Infine, stai attento alla velocità nel parlare: non devi andare né troppo lentamente, né troppo velocemente.

SEGRETO n. 5: puoi far capire al tuo interlocutore che lo stai ascoltando davvero tramite il linguaggio del corpo: la postura, le espressioni del viso, lo sguardo e la voce.

RIEPILOGO DEL CAPITOLO 3:

- SEGRETO n. 1: per comunicare efficacemente e prevenire i conflitti è fondamentale imparare ad ascoltare.
- SEGRETO n. 2: ascoltando attivamente qualcuno puoi entrare nel suo mondo, creare un clima di fiducia ed empatia, fare le giuste domande e gestire anche le situazioni critiche.
- SEGRETO n. 3: i sette passi per ascoltare attivamente sono: 1) tacere; 2) ascoltare per apprendere; 3) interrompere le altre attività; 4) sospendere il giudizio e non dare consigli; 5) fare domande; 6) usare frasi di rinforzo; 7) sintetizzare il messaggio.
- SEGRETO n. 4: la comunicazione ha tre componenti fondamentali: verbale (ciò che si dice), paraverbale (il modo in cui vengono espressi i contenuti), non verbale (il linguaggio del corpo). Se non sono congruenti, prevale la comunicazione non verbale.
- SEGRETO n. 5: puoi far capire al tuo interlocutore che lo stai ascoltando davvero tramite il linguaggio del corpo: la postura, le espressioni del viso, lo sguardo e la voce.

Capitolo 4:
Il linguaggio zero equivoci

Ti è mai capitato di metterti d'accordo con qualcuno, pensare che avesse capito perfettamente il tuo messaggio ma poi... ti sei reso conto che invece aveva capito tutt'altro? È proprio quello che è successo a Francesca. Lascia che ti racconti la sua storia.

Quella sera io e Francesca avevamo appuntamento in un bar. Mi aveva contattato lei: "Ti va di vederci e fare due chiacchere?". "Volentieri!", le dissi. Ma poi, un quarto d'ora prima dell'appuntamento, mi telefonò in preda all'ansia: "Scusami tanto, ho un lavoro urgentissimo da fare e finirò tardi. Non posso venire". "Va bene, sarà per un'altra volta", le risposi. Poi alle 21 mi chiamò. Era furibonda. "Basta! Con me ha chiuso! Non ce la faccio più! Rassegno le dimissioni".

Ero allibita. Cosa mai poteva essere successo? Prima di tutto, per calmarla, le chiesi di fare la respirazione addominale. È la prima cosa che faccio quando mi trovo davanti una persona arrabbiata. Dopo, Francesca mi raccontò tutto. Aveva un rapporto burrascoso con il suo capo.

Non riuscivano proprio a capirsi. Quel giorno l'aveva chiamata dicendole: "La collega è malata, non è riuscita a completare questo lavoro. Finiscilo tu *velocemente* e poi ne riparliamo".

E lei, pensando fosse una cosa urgente, si mise a lavorare a testa bassa. Saltò il pranzo. Rimase in ufficio ben oltre il suo orario standard. La sera stessa, sfinita, consegnò il lavoro completo. E lì si scoprì l'equivoco.

Che fece il suo capo? Cadde dalle nuvole dicendo: "Ah, ma dai?! Lo hai già finito? Ma non c'era fretta! Davo per scontato di rivederlo tra un paio di giorni o addirittura la prossima settimana". Francesca fece appello a tutto il suo self-control per non mandarlo a quel paese.

Il problema tra Francesca e il suo capo era chiaro: lui aveva una comunicazione ambigua. Infatti le aveva chiesto di completare "velocemente" il lavoro senza aggiungere altro. Anche lei però sbagliava non chiedendo mai chiarimenti. Non li chiese nemmeno quella volta. E così non si capirono e litigarono.

Le chiesi: "Francesca, ma tu gli hai chiesto cosa significa per lui completare *velocemente* il lavoro? Quando precisamente avresti dovuto finirlo? Il giorno stesso? A che ora? Facendo queste semplici domande, ti saresti risparmiata una delusione. Francesca mi rispose stupita: "No! pensavo di doverlo consegnare in giornata e basta".

Le consigliai la strategia da adottare in futuro: non dare nulla per scontato e fare al suo capo tante domande di chiarimento. Dopo una settimana Francesca mi telefonò contentissima: "Non ci posso credere. Da quando ho fatto come mi hai detto, cioè fare tante domande, non litighiamo più. Ora andiamo d'accordo e anzi ora mi è diventato perfino simpatico! Grazie di avermi aiutato. Non ce la facevo più. Avrei dato le dimissioni per la disperazione".

Fare le domande giuste al momento giusto è fondamentale per capire davvero cosa pensa l'altro. E di conseguenza per evitare incomprensioni e litigi inutili. Molti conflitti derivano infatti da aspettative deluse. Ecco cosa accade spesso: io sono convinta di comunicare in modo chiaro. In realtà il mio linguaggio è ambiguo. Poi penso che tu abbia capito e che ti comporterai di conseguenza.

Anche tu sei convinto di aver capito cosa voglio da te. Così in buona fede mi dici che sei d'accordo con me. In realtà ti comporti in modo diverso da ciò che pensavo avessimo stabilito insieme.

Risultato: sono delusa dalle tue azioni e mi arrabbio con te. Tu pensi di essere nel giusto e non capisci perché io sia in collera. *Dulcis in fundo* anche tu ti arrabbi.

Dinamiche di questo tipo sono praticamente all'ordine del giorno. Capisci ora da solo quanto è importante usare un linguaggio chiaro. Un linguaggio tale da eliminare equivoci, malintesi e fraintendimenti. Meno equivoci, meno liti. Per cui il tuo obiettivo nella comunicazione deve essere: zero malintesi.

In questo capitolo imparerai appunto a rendere il tuo linguaggio chiaro e inequivocabile. Questa nuova competenza ti permetterà di migliorare i tuoi rapporti in famiglia, al lavoro, con gli amici.

SEGRETO n. 1: molti conflitti nascono da aspettative deluse. Fare le domande giuste al momento giusto è fondamentale per capire davvero cosa pensa l'altro e per evitare incomprensioni e litigi inutili.

Innanzitutto chiariamo una cosa: tutti abbiamo un linguaggio più o meno ambiguo. Sì, proprio così. E sai perché? Il motivo è che tutti noi, indistintamente, mentre parliamo facciamo generalizzazioni, cancellazioni, distorsioni. Ripeto: tutti quanti, in continuazione.

Però va anche detto che questi filtri (generalizzazioni, cancellazioni e distorsioni) sono fondamentali nella comunicazione. Essi infatti ci consentono di concentrarci su ciò che è più importante per noi.

Pensa a quante informazioni ci arrivano ogni giorno dall'esterno. Sai quante sono? Circa undici milioni di dati al secondo. È un mare di informazioni.

Il cervello andrebbe rapidamente in tilt se non facesse una selezione di tutti questi dati. Dico davvero: diventeremmo matti in poco tempo. Ecco perché, per evitare un continuo sovraccarico di informazioni, il cervello sceglie solo quelle davvero importanti in quel momento.

Sai quanti sono gli input che riusciamo a captare? Solo settantasette. E in più di questi ne elaboriamo consapevolmente dai sette ai nove. E allora come fa il nostro cervello a selezionare questi dati? Appunto utilizzando cancellazioni, generalizzazioni e distorsioni. E sono proprio questi processi che, tagliando pezzi di informazioni, rendono ambiguo il linguaggio.

Cosa possiamo fare, dunque, per migliorare la nostra comunicazione e prevenire i litigi?

SEGRETO n. 2: tutti abbiamo un linguaggio più o meno ambiguo. Il motivo è che tutti, indistintamente, mentre parliamo facciamo generalizzazioni, cancellazioni, distorsioni.

Ecco cosa imparerai in questo capitolo:
- cosa sono nello specifico le generalizzazioni, le cancellazioni e le distorsioni e come riconoscerle;
- quali domande fare per smontare le generalizzazioni, cancellazioni e distorsioni e recuperare le informazioni mancanti;
- cosa pensa davvero il tuo interlocutore al di là di questi filtri mentali e come prevenire un litigio.

Generalizzazioni

Facciamo delle generalizzazioni quando, partendo da certi aspetti della nostra esperienza, arriviamo a formulare una legge universale. In altri termini, pensiamo che se in una certa situazione abbiamo ottenuto X, tutte le volte che si verificano quelle circostanze otterremo sempre lo stesso risultato, cioè X. Grazie a questo filtro siamo in grado di creare una regola generale sulla base di pochi dati.

Ora facciamo un piccolo esperimento. Alzati e vai ad aprire la porta. Fatto? Bene, cosa hai fatto? Hai girato la maniglia per permettere alla porta di aprirsi, giusto? Lo dai per scontato. Pensi che tutte le porte si aprano in quel modo, ossia girando la maniglia.

Ma non è sempre così. Tempo fa alcuni studiosi fecero un esperimento con una porta particolare. La porta era diversa dalle altre perché non si apriva girando la maniglia, bensì spingendo sul lato opposto. Gli studiosi chiesero a dei volontari di aprirla.

Cosa fecero allora i volontari? Prima girarono la maniglia della porta. Niente da fare. La porta non si apriva. Poi provarono a girare la maniglia nell'altro senso. Altro buco nell'acqua. Tentarono allora di aprirla spingendo dal lato della maniglia. Niente.

A quel punto pensarono che la porta fosse chiusa a chiave.
Si fecero dare la chiave e la girarono nella toppa... tutto inutile. La porta era ancora chiusa. Si arresero. La loro conclusione fu: la porta era bloccata ed era impossibile aprirla.

Poi, per caso, un ragazzo si appoggiò dal lato opposto... e la porta si aprì magicamente con loro immenso stupore! Ecco, i volontari avevano fatto una generalizzazione. Erano convinti che tutte le porte si aprissero nello stesso identico modo, girando la maniglia.

Da quest'esempio puoi capire qual è il grosso limite delle generalizzazioni. Certo, come ti ho detto, le generalizzazioni per noi sono uno strumento "comodo". Esse ci permettono di creare categorie omogenee in cui far rientrare fatti, oggetti, idee che hanno cose in comune. Ma hanno anche uno svantaggio. Una volta create queste categorie, non ci permettono più di vedere le differenze tra i singoli elementi che le compongono.

Ecco allora generalizzazioni del tipo: "i giovani non hanno voglia di sacrificarsi...", oppure "le donne non sanno guidare". È chiaro che queste affermazioni, molto comuni, sono tutte delle generalizzazioni.

È mai possibile che tu abbia conosciuto TUTTI i giovani di questo pianeta? Oppure TUTTE le donne del mondo? No, giusto? Pertanto, ti sei formato queste convinzioni solo in base a pochi giovani e poche donne che hai conosciuto di persona. Non certo sulla base di tutti i giovani e tutte le donne nel senso letterale del termine.

Per evitare i conflitti bisogna eliminare (o almeno limitare il più possibile) le generalizzazioni. Pensa, ad esempio, a dichiarazioni su comunità etniche o gruppi politici del tipo: "tutti i francesi sono snob", "tutti i politici sono disonesti", "gli immigrati sono ladri".

Queste espressioni sono tutte generalizzazioni. E sono molto pericolose, spianano la strada ai litigi. Magari queste idee preconfezionate vengono espresse senza pensarci, per scherzo. Ma non sono affatto divertenti. Anzi. Troppi si dimenticano che le parole sono lame e procurano ferite profonde.

Ora analizzeremo meglio queste generalizzazioni e quali sono le domande giuste da fare per smontarle. Devo avvertirti: il discorso qui diventa un po' tecnico. Ti chiedo un pizzico di impegno e di concentrazione in più. Io prometto di spiegarti tutto nel modo più semplice possibile. Sei pronto? Partiamo!

Le generalizzazioni si esprimono attraverso:

1)   i quantificatori universali
2)   gli operatori modali
3)   le presupposizioni

1) Quantificatori universali

I quantificatori universali sono parole che esprimono totalità o rendono universale una certa esperienza. Essi sono: tutti, nessuno, sempre, mai, ogni volta, in ogni caso. Pensa ad esempio ad espressioni come "Tutti gli uomini sono degli egoisti"; "Tutte le donne sono frivole".

Vediamo come puoi smontare una generalizzazione data dalle parole "mai, sempre, tutti, nessuno" quando vieni criticato o attaccato. Immagina che il tuo partner ti dica urlando: "Con te non si può *mai* parlare in modo sereno!". Come reagisci?

Molto probabilmente dirai seccato: "Non è vero" e comincerete a discutere animatamente. Come puoi difenderti in questi casi? Le domande giuste da fare sono: "Proprio mai?", "C'è almeno una volta in cui abbiamo parlato serenamente?"

Ora consideriamo la situazione opposta in cui sei tu ad accusare il tuo partner. Voglio farti capire cosa può succedere se non usi correttamente i quantificatori universali. Supponiamo che tu gli dica: "Sei *sempre* di cattivo umore". Pensaci un attimo.

È davvero possibile che lui sia sempre di cattivo umore? O magari si tratta solo di un periodo passeggero? Evita le esagerazioni.

Lo so, molto spesso le usiamo per rafforzare le nostre idee. Ma il rischio è di deformare la realtà e di andare con le parole ben oltre i nostri pensieri. E allora l'altro si mette sulla difensiva. Così da un momento all'altro può scoppiare un litigio.

Ti propongo di cambiare approccio. Pertanto, invece di dirgli "Sei sempre di cattivo umore", digli: "Ho notato che in questi giorni sei *spesso* di cattivo umore. Ti va di parlarne?". In questo modo lui non si sente rimproverato ed è disponibile a parlare.

O ancora immagina che in una riunione aziendale il direttore dica spazientito ai suoi collaboratori: "Siete inaffidabili!" Uno dei lavoratori ridimensiona il problema chiedendo: "Aiutami a capire. Ma proprio tutti siamo inaffidabili? Oppure c'è solo qualcuno di cui non ti puoi fidare?" A quel punto il direttore ci pensa su e risponde (sollevato): "In effetti non tutti: solo due di voi sono poco affidabili".

Come vedi, smontando la generalizzazione sia tu sia il tuo interlocutore otterrete dei benefici. Tu riesci a definire meglio la situazione.

Lui ridimensiona il problema e riesce anche a gestire meglio le sue emozioni, come nell'esempio del direttore. Pertanto, di fronte ai quantificatori universali, le domande sono un alleato prezioso quando siamo sottoposti a critiche o obiezioni.

2) Operatori modali
Ci sono gli operatori modali **di possibilità e di necessità**.
Quando una persona utilizza gli operatori di possibilità, pensa a livello inconscio di non essere sicura di poter raggiungere l'obiettivo. Per costruirli si utilizza il verbo "potere". Consistono nel chiedere alla persona cosa le impedisca di fare qualcosa.

Immagina che un tuo amico ti dica: "Non posso proprio venire alla tua festa". In questo caso la domanda giusta da fare è: "Cosa te lo impedisce?". Nota come questa domanda sia molto più efficace della classica domanda "perché?". Se chiedi "perché?" la persona andrà alla ricerca di tutte le possibili scuse per cui non può fare qualcosa.

Invece se chiedi "cosa te lo impedisce?" la persona si concentra sulla soluzione.

Passiamo agli **operatori modali di necessità**.
Essi sono introdotti da frasi come: "Io devo fare…", "Ho bisogno di fare…". Esempio: "Devo tornare a casa presto stasera", "Sono costretto ad andarmene". La persona percepisce un obbligo. Si sente costretta a fare o a non fare. In quel momento non vede alternative possibili a quell'azione.

In questo caso le domande giuste da fare sono: "Altrimenti?", "Cosa accadrebbe se non lo facessi?". In questo modo stimoleremo la persona ad allargare la sua visuale e a trovare nuove opportunità.

3) Presupposizioni

Sono delle affermazioni che implicano che ciò che è contenuto nel discorso sia vero. Esempio: "Anche tu sei un egoista!". In questa frase ci sono parecchie presupposizioni: avevo un precedente fidanzato. Consideravo il mio ex fidanzato un egoista.

Quel fidanzato non c'è più. Ho un nuovo compagno. Temo che anche lui sia una persona egoista. Per smontare la generalizzazione puoi chiedere: "Perché? Chi altri?".

SEGRETO n. 3: facciamo delle generalizzazioni quando da certi aspetti della nostra esperienza arriviamo a formulare una legge universale. Le generalizzazioni si esprimono attraverso i quantificatori universali, gli operatori modali e le presupposizioni.

Cancellazioni

La cancellazione è quel processo mentale che ci porta a considerare solo le informazioni che sono importanti per noi in un certo momento, eliminando tutte le altre. Le informazioni irrilevanti vengono ignorate.

Pensa, ad esempio, quando sei totalmente immerso nella lettura di un libro avvincente e ti dimentichi di tutto il resto. Sei in trance e non ti accorgi che qualcuno ti sta parlando. Ecco, in una situazione del genere stai facendo una cancellazione.

Nell'ambito della categoria delle cancellazioni ci sono:
1) le cancellazioni semplici
2) i paragoni
3) il soggetto non identificato
4) i verbi non specifici

1) Cancellazioni semplici
Si hanno quando alcune informazioni vengono completamente cancellate. Anche in questo caso una comunicazione non chiara può favorire i conflitti come nelle frasi che seguono:

Esempi:
"Continui a fare le stesse cose che mi irritano". Per fare chiarezza puoi domandare: "Quali cose?".
"È meglio se non ci vediamo più. Alla situazione non c'è rimedio". Domanda: "Quale situazione?".

"Siamo onesti. Affrontiamo la realtà". Domanda: "Quale realtà? Che intendi?". Per avere una comunicazione chiara e inequivocabile è opportuno specificare sempre il chi, il che cosa, il come. Poi è opportuno verificare che l'altro abbia capito esattamente ciò che volevamo dire.

2) Paragoni
Sono frasi in cui manca il termine di paragone. Chi le utilizza probabilmente ha nella sua testa un termine di paragone ma non lo trasmette a chi ascolta. In altri termini, lo considera scontato e lo omette nella comunicazione. Rientrano in questa categoria parole come "migliore", "peggiore", "poco", "molto".

Esempi:
"Sono deluso. Pensavo che avresti venduto di più". Domanda da fare per smontare la cancellazione: "Quanto precisamente?".
"Dovresti parlare di meno e agire di più". Domanda: "Rispetto a chi o a cosa?".
"Se ti comportassi meglio il tuo capo ti stimerebbe". Domanda: "Meglio in che senso?". Allo stesso modo, se non vuoi essere tu a dar vita a equivoci, ricordati di esprimere il termine di paragone,

ossia "rispetto a", "quando", "quanto".

3) Soggetto non identificato
Si verifica quando in una frase il soggetto manca del tutto oppure non è ben specificato. Esempi: "Qualcuno potrebbe malignare", "Loro mi trattano male", "La gente non mi capisce".

Anche se da un punto di vista grammaticale il soggetto esiste, in realtà non è specificato. Quindi è necessario fare chiarezza chiedendo: "Chi potrebbe malignare?", "Loro chi, esattamente?", "Chi non ti capisce?".

4) Verbi non specifici
Si verificano quando vengono usati verbi generici. In tal caso la domanda serve per chiarire il "come" del verbo.

Esempi:
"Non forzarmi a venire con te". Domanda: "In che modo ti sto forzando?".
"Ti contatterà Monica la prossima settimana". Domanda "Come/in che modo mi contatterà?".

SEGRETO n. 4: la cancellazione è quel processo mentale che ci porta a considerare solo le informazioni che sono importanti per noi in un certo momento, eliminando tutte le altre. Nell'ambito della categoria delle cancellazioni ci sono: le cancellazioni semplici, i paragoni, il soggetto non identificato, i verbi non specifici.

Distorsioni
Facciamo una distorsione ogni volta che interpretiamo gli eventi che ci capitano e creiamo delle relazioni del tutto arbitrarie tra un evento e un altro o tra un comportamento e un'emozione.

Esempio: "Non mi ha salutato, significa che non vuole avere nulla a che fare con me!"
Nell'ambito della categoria delle distorsioni rientrano:

1) la lettura del pensiero
2) la relazione causa-effetto
3) l'equivalenza complessa
4) le nominalizzazioni
5) i giudizi

1) Lettura del pensiero

Immagina che qualcuno ti dica: "so di esserti antipatico" oppure: "so che non vorresti essere qui". È evidente che sta facendo una distorsione. Infatti, a meno che non sia un indovino, come può saperlo? Con la lettura del pensiero avviene proprio questo. Si finge di sapere cosa ha in testa l'interlocutore, facendone appunto una lettura.

La domanda giusta da fare per smontare la distorsione è: "Come fai a saperlo?", oppure "Cosa te lo fa pensare?", "Da cosa lo deduci?".

Saper smontare una distorsione data dalla lettura del pensiero ti può aiutare in molte circostanze della tua vita. Immagina ad esempio che di punto in bianco il tuo compagno ti dica: "Lo so che non mi ami più".

La situazione è delicata. Cosa puoi fare per non farla precipitare? Ti consiglio di sondare il terreno chiedendo: "Caro, mi sorprende molto sentirti dire questo. Cosa te lo fa pensare?". E poi, in base a cosa ti risponde, ti regoli.

Oppure immagina che un tuo collega ti dica: "Sai, volevo parlarti di una mia idea ...ma tanto lo so che non ti interessa". Anche in questo caso ti consiglio di rispondere: "Mi spiace averti dato questa impressione, da cosa deduci che non mi interessa?"

Esiste anche la lettura della mente al contrario. Si tratta di affermazioni dalle quali si capisce che una persona si aspetta che l'altra parte sappia cosa pensa o sente. Esempio: "tu sai a cosa mi riferisco". La domanda da fare è: "Come potrei saperlo?".

Tempo fa Mario, un amico, mi raccontava di aver avuto una discussione alquanto stravagante con il suo capo. Il dirigente infatti lo convocò per rimproverarlo: "Ma come! Non hai ancora fatto la relazione?" e lui si giustificò dicendo: "Veramente ti ho mandato un'e-mail per chiederti come la vuoi e non mi hai risposto".

Il capo rispose seccato: "Abbiamo già fatto questo tipo di lavoro, dovresti sapere come lo voglio". Mario, sconcertato: "Ma come faccio a saperlo? Abbiamo fatto quel lavoro più di cinque anni fa...".

Il capo si aspettava da Mario che lui sapesse come andava fatto il lavoro solo perché lo avevano fatto in quel modo ben cinque anni prima...

2) Causa - effetto
Si parla di causa-effetto quando qualcuno afferma che un certo comportamento determina una certa emozione. Il che può essere vero per chi parla ma quasi sicuramente non è l'unica possibile interpretazione della realtà. Infatti è il nostro modo di interpretare la realtà a determinare i nostri pensieri e di conseguenza le nostre emozioni.

Invece, quando facciamo una distorsione del tipo causa-effetto, affermiamo che un'emozione viene generata da un certo comportamento, senza tuttavia spiegare come avviene tutto ciò.

Come puoi capire che la persona di fronte a te sta facendo questa distorsione? Ascoltalo con attenzione. Spesso le frasi che hanno all'interno una relazione causa-effetto contengono le formule "Se... allora...", "Quando... allora...".

Esempio:

"Quando Paolo mi parla mi fa innervosire". Cosa significa questa frase? Detta così, in effetti, sembra che Paolo abbia il magico potere di determinare le emozioni di un'altra persona. Al tempo stesso, si nota che la frase non dice nulla su come Paolo possa influire sullo stato d'animo di qualcun altro.

Per smontare un rapporto di causa-effetto puoi domandare: "Come fa quella persona a farti sentire in quel modo?", "È sempre necessario che al verificarsi di A tu provi B?".

3) Equivalenze complesse
Un'equivalenza complessa è un'affermazione che implica che A è uguale a B. Chi pronuncia la frase ha talmente distorto la realtà da pensare che non ci sono altre possibilità eccetto quella che un fatto ne implichi per forza un altro.

Esempi: "Non mi guarda proprio, è arrabbiato con me"; "Oggi non mi ha chiamato, significa che non mi pensa proprio"; "Se arriva tardi all'appuntamento significa che non ci tiene".

Le domande chiave sono: "In che modo A equivale a B?", "Ci sono casi in cui A non corrisponde a B?". Per cui negli esempi di sopra: "Ogni volta che non ti guarda significa che è arrabbiato con te?". "Ogni volta che non ti chiama significa che non ti pensa proprio?". "Se arriva in ritardo significa necessariamente che non ci tiene? Non ci possono essere altre ragioni?".

4) Nominalizzazioni
Le nominalizzazioni sono parole astratte che possono assumere significati diversi e alle quali ciascuno può dare il suo personale significato. La conseguenza è che spesso si è d'accordo sul concetto, ma non sull'applicazione pratica. Pensa a parole come: responsabilità, tolleranza, impegno, trasparenza, collaborazione. Sono tutte nominalizzazioni.

Immagina ad esempio di dire a tuo figlio: "Mi prometti di essere più collaborativo in casa?", e lui ti risponde "Sì, te lo prometto". Che cosa vuoi che faccia in realtà? Non è chiaro. Vuoi che cucini il pranzo al posto tuo? Oppure che faccia la spesa? Oppure che lavi i piatti?

Il risultato è che non cambia nulla. Anzi, forse la tua frustrazione aumenterà perché, nonostante lui si sia impegnato, non ci sono stati i cambiamenti che ti aspettavi.

Il problema di utilizzare questi termini astratti è che le persone che li usano sono convinte di aver capito perfettamente il messaggio dell'altro salvo poi accorgersi dell'equivoco solo dopo, cioè al momento dell'azione.

5) Giudizi
Si tratta di frasi che esprimono valutazioni soggettive nelle quali però non viene indicato il soggetto che le formula.
Pensa alle persone con cui non vai d'accordo. Le reputi false, antipatiche o prepotenti? Ragioniamo insieme. È mai possibile che queste persone siano sempre false, antipatiche o prepotenti? O piuttosto tu stesso stai considerando solo una parte della realtà e stai ignorando altri aspetti di queste persone?

Vediamo ora come fare a smontare un giudizio. Esempio: "Sei un incapace!", "Le tue idee sono assurde!", "Il suo è un progetto strampalato!".

La domanda giusta da fare in questi casi è: "E chi lo dice?". Nella quasi totalità dei casi la persona risponderà: "In realtà... io".
Allora potrai ribattere prontamente: "Bene, quindi sei solo tu a pensarla così".

SEGRETO n. 5: facciamo una distorsione ogni volta che interpretiamo gli eventi che ci capitano e creiamo delle relazioni del tutto arbitrarie tra un evento e un altro o tra un comportamento e un'emozione. Le distorsioni comprendono: la lettura del pensiero, la causa-effetto, l'equivalenza complessa, le nominalizzazioni e i giudizi.

RIEPILOGO DEL CAPITOLO 4:

- SEGRETO n. 1: molti conflitti nascono da aspettative deluse. Fare le domande giuste al momento giusto è fondamentale per capire davvero cosa pensa l'altro e per evitare incomprensioni e litigi inutili.
- SEGRETO n. 2: tutti abbiamo un linguaggio più o meno ambiguo. Il motivo è che tutti, indistintamente, mentre parliamo facciamo generalizzazioni, cancellazioni, distorsioni.
- SEGRETO n. 3: facciamo delle generalizzazioni quando da certi aspetti della nostra esperienza arriviamo a formulare una legge universale. Le generalizzazioni si esprimono attraverso i quantificatori universali, gli operatori modali e le presupposizioni.
- SEGRETO n. 4: la cancellazione è quel processo mentale che ci porta a considerare solo le informazioni che sono importanti per noi in un certo momento, eliminando tutte le altre. Nell'ambito della categoria delle cancellazioni ci sono: le cancellazioni semplici, i paragoni, il soggetto non identificato, i verbi non specifici.
- SEGRETO n. 5: facciamo una distorsione ogni volta che interpretiamo gli eventi che ci capitano e creiamo delle

relazioni del tutto arbitrarie tra un evento e un altro o tra un comportamento e un'emozione. Le distorsioni comprendono: la lettura del pensiero, la causa-effetto, l'equivalenza complessa, le nominalizzazioni e i giudizi.

Capitolo 5:
Come discutere senza litigare

Nei due capitoli precedenti hai imparato ad ascoltare e a fare le domande giuste per capire il mondo dell'altro. È il momento di confrontarsi con l'altra persona.

Ora scoprirai come discutere serenamente senza litigare. Una bella sfida, vero? Ecco cosa imparerai in questo capitolo:
- quali sono i tre principali comportamenti umani durante una discussione (il passivo, l'aggressivo, l'assertivo);
- le regole fondamentali della comunicazione efficace e anti-lite;
- cosa fare e cosa non fare per discutere serenamente con chiunque.

Giustiziere, pacifista o guerriero gentile?
Immagina che qualcuno ti dia tremendamente fastidio. Cosa fai in questi casi? Come reagisci? D'istinto ti precipiti dalla persona e

gliene dici di tutti i colori? Apri bocca e semplicemente dici (o meglio urli) tutto quello che ti passa per la mente? Se è così rientri nella categoria "giustiziere temerario". Il termine è una mia personale invenzione.

Oppure per quieto vivere fai finta di niente e mandi giù il rospo? Allora rientri nella categoria "pacifista a tutti i costi". Anche questo termine è una mia invenzione. Sia il "giustiziere temerario" che il "pacifista a tutti i costi" hanno dei difetti. Vediamoli insieme.

Partiamo dal "giustiziere" o aggressivo. Sicuramente comunica in modo efficace e si fa rispettare. Infatti dice apertamente il suo pensiero. Il suo messaggio arriva forte e chiaro. Definisce con precisione cosa vuole ottenere e quando vuole ottenerlo. E dopo averlo fatto è un vero e proprio carro armato: non si ferma davanti a niente e nessuno pur di arrivare alla meta.

Tuttavia l'aggressivo non riesce né a gestire la rabbia né a mantenere relazioni armoniose.

Infatti, il difetto del "giustiziere" è che è arrogante e prepotente. Non ascolta gli altri né considera i bisogni altrui. Anzi. Spesso offende senza scrupoli la persona che ha di fronte. Per lui l'importante è vincere la battaglia. Non importa se per terra rimangono delle vittime. È proprio la sua aggressività a distruggere il rapporto con l'altro.

All'estremo opposto c'è il "pacifista" o passivo. Il pacifista tace per paura di offendere l'altro. Fa di tutto per non litigare. Se qualcuno fa o dice qualcosa che lo infastidisce, fa finta di niente per non rovinare l'atmosfera. Evita il confronto come la peste.

Si inventa sempre una scusa per evitare la conversazione: "lui è nervoso", "non è il momento adatto", "non parlo perché non me ne importa nulla", "non è compito mio dirgli queste cose". E così, per evitare problemi e litigi, rimane in silenzio.

A parole finge di essere d'accordo con gli altri e di essere sereno. In realtà non lo è. E infatti, a una attenta analisi, il suo linguaggio non verbale tradisce il suo malcontento (brontola, sbuffa, guarda con disprezzo).

Ora potresti dirmi: "Che male c'è a comportarsi così? In fin dei conti non si litiga". Ragioniamo insieme. Innanzitutto il passivo ha una comunicazione non efficace. Gli altri non sanno cosa pensa. E poiché non si esprime, non riesce a farsi rispettare. Inoltre reprime la rabbia, per cui sta male emotivamente e fisicamente. Infine non riesce a mantenere relazioni serene.

E sai perché? Perché nessuno può reprimere la rabbia in eterno. E così un bel giorno, improvvisamente, questa esplode. E in preda all'ira l'ex pacifista attacca con violenza proprio quella persona con cui non voleva litigare. In questi casi spesso la relazione muore all'istante.

Quando le persone cortesi e gentili improvvisamente esplodono, danno le dimissioni o chiedono il divorzio, significa che per troppo tempo sono rimaste in silenzio a covare rancore.

Ma anche nel caso (improbabile) che il passivo riesca a reprimere a vita la rabbia, il suo rapporto con l'altro è comunque destinato a finire. Perché senza comunicazione autentica, tutte le relazioni lentamente si spengono.

È la mancanza di comunicazione ad ammazzarle. In una relazione sana, ciascuno dice apertamente cosa va bene e cosa va male, senza nascondersi.

SEGRETO n. 1: le persone aggressive si fanno rispettare ma distruggono le relazioni e non sanno gestire la rabbia. Le persone passive non si fanno rispettare, accumulano rabbia e con il loro silenzio rovinano le relazioni.

Te lo chiedo di nuovo: in che categoria pensi di rientrare? Sei il "giustiziere" che aggredisce senza pensarci chi lo infastidisce oppure sei il "pacifista" che, pur con i nervi a fior di pelle, ingoia il rospo? Per quanto mi riguarda, quando avevo vent'anni, tendevo a "lasciare andare". Evitavo lo scontro. Ero una pacifista, per vari motivi.

Prima di tutto, non condividevo (e non la condivido ancora oggi) la filosofia di aggredire e insultare le persone. Inoltre ero una persona emotiva. E per di più insicura. Di conseguenza mai mi sarei sognata di andare allo scontro frontale. Alla sola idea mi sentivo mancare.

D'altro canto, però, se tacevo per quieto vivere, mi sentivo frustrata. Volevo farmi rispettare ma al tempo stesso non volevo né calpestare le persone né farmi divorare dall'ira. Come fare? Me lo sono chiesto per anni, senza trovare una soluzione.

Prima ho dovuto riconciliarmi con la rabbia. Ho dovuto cambiare le mie convinzioni più profonde sulla rabbia. Imparare ad esprimerla. E poi ho scoperto che c'è una terza via tra l'aggredire e l'evitare le liti per quieto vivere. Sai qual è? È l'assertività.

Essere assertivi significa essere capaci di esprimere in modo chiaro e immediato le proprie idee e i propri bisogni, rispettando quelle dell'altro e senza farlo sentire attaccato. L'assertivo dice apertamente e immediatamente come la pensa. E fa tutto questo con fermezza ma senza aggressività.

L'assertivo è un "guerriero gentile" (altro termine coniato da me). Al contrario del passivo non rimane ammutolito per paura di litigare. E al contrario dell'aggressivo non attacca e non offende.

Non sente il bisogno di dominare ma al tempo stesso non si lascia mettere i piedi in testa. Dice all'altro dove ha sbagliato ma senza offenderlo. E sottolineo appunto "senza offenderlo". Troppo spesso sento critiche distruttive fatte con leggerezza. È tipico dei giustizieri, che si dimenticano che l'interlocutore è un essere umano con sentimenti, sensibilità e dignità.

Per me farsi rispettare portando rispetto è un valore scolpito nella roccia. Io detesto litigare. Ma al tempo stesso non rinuncio a farmi valere. Perché infatti se abbiamo idee diverse dovrei stare in silenzio per paura di litigare? Oppure, perché dovresti rinunciare tu a parlare? Non è giusto! E non è neanche salutare.

Reprimere la rabbia danneggia la salute. È anche vero, però, che il diritto di farci rispettare non ci autorizza a diventare prepotenti e distruggere le persone.

Chiariamo una cosa. Non c'è nulla di male nell'essere arrabbiati o passivi se in certe situazioni sono i comportamenti più adeguati, purché non diventino l'abitudine. Il punto è che, se l'assertivo decide di comportarsi in modo aggressivo o passivo, si assume la responsabilità di questa scelta. Cosa che invece l'aggressivo e il passivo non fanno. Per cui una persona assertiva può dire apertamente: "Sono molto arrabbiato", oppure al contrario può dire: "Preferisco non rispondere e non reagire".

Invece cosa fa un aggressivo? Probabilmente scarica la colpa su altri dicendo di essere stato provocato. E il passivo? Si giustifica dicendo che sono stati gli altri a spingerlo ad agire.

SEGRETO n. 2: essere assertivi significa essere capaci di esprimere in modo chiaro e immediato le proprie idee e i propri bisogni, rispettando quelli dell'altro e senza farlo sentire attaccato.

Le regole della comunicazione efficace e anti-lite
Ora vedremo insieme le regole fondamentali per avere una comunicazione efficace e gestire i conflitti. Rileggile più volte e imparale a memoria.

Regola n. 1: Diventare consapevoli della propria comunicazione.
Nell'opera *Pragmatica della comunicazione umana* lo psicologo

e filosofo Paul Watzlawick ha introdotto l'assioma "Ogni comportamento è comunicazione". E ora voglio appunto parlarti di questo principio.

Esso ci dice che non si può non comunicare. Tutti, in un modo o nell'altro, inviamo messaggi al mondo. In ogni momento comunichiamo qualcosa, anche se non ce ne rendiamo conto. E perché non ce ne rendiamo conto? Perché pensiamo di comunicare solo con le parole. Invece comunichiamo anche e soprattutto con i gesti.

Manifestiamo le nostre emozioni attraverso il linguaggio non verbale del corpo. Ad esempio: siamo colti di sorpresa e alziamo le sopracciglia. Siamo confusi e ci grattiamo la testa. Facciamo l'occhiolino per entrare in confidenza. Tamburelliamo con le dita sul tavolo quando siamo impazienti.

A questo punto la domanda è: cosa arriva all'altro? Siamo sicuri che ciò che capisce la persona che sta di fronte è proprio ciò che volevamo dire? Gli altri interpretano le parole che diciamo e soprattutto *come* le diciamo, cioè appunto i movimenti del corpo e il tono di voce.

Se io dico al mio compagno: "Oggi non hai buttato la spazzatura come d'accordo", sul piano verbale è una semplice osservazione. Ma se lo dico con tono aggressivo e tenendo le braccia incrociate sul petto, lui si metterà sulla difensiva perché penserà che lo sto rimproverando.

Quindi, amico mio, ricordati che comunichi sempre e comunque. Qualunque cosa dici o non dici. Qualunque cosa fai o non fai.

Regola n. 2: Evitare il silenzio e parlare in modo chiaro.
Hai imparato che ogni tuo comportamento comunica qualcosa. Anche se non dici nulla, mandi comunque un messaggio all'altro. Allo stesso modo, quando il tuo interlocutore non parla, ti comunica qualcosa. Il problema è che quel silenzio può significare tutto e il contrario di tutto.

Se l'altro non si esprime, tu dai una certa interpretazione al suo comportamento. E ugualmente, se sei tu a tacere, l'altro fa ipotesi più o meno fantasiose. In entrambi i casi si tratta di interpretazioni, supposizioni. E quindi potrebbero essere sbagliate. Tu potresti non rispondere per motivi molto diversi da quelli che pensa la persona di fronte a te. E lo stesso vale se è l'altro a rimanere zitto.

Il problema del non parlarsi è che aumenta esponenzialmente il rischio di equivoci. E ricorda che gli equivoci e le incomprensioni spianano la strada ai conflitti.

Ma perché a volte preferiamo non parlare? Ci sono diverse motivazioni. Ad esempio pensiamo che "è inutile parlare con lui/lei tanto non mi capisce". Oppure che "ne abbiamo già parlato per cui lui/lei lo sa". Infine pensiamo che "l'altro ci conosce e quindi dovrebbe sapere cosa pensiamo".

Giusto? No, sbagliato! Mettiti bene in testa che le persone non leggono nel pensiero né hanno la sfera di cristallo. Per cui non puoi pretendere che sappiano cosa ti frulla per la testa. Devi dirglielo tu e in modo inequivocabile. Evita i silenzi e parla apertamente. D'ora in poi esprimi in modo chiaro, esplicito e immediato ciò che pensi senza dare nulla per scontato.

Poi chiediti: cosa è arrivato all'altro? E abituati a dare e a chiedere sempre una risposta. Questo ti farà fare un vero e proprio salto di qualità. Ti farà passare dal semplice parlare al comunicare.

Regola n. 3: Descrivere i fatti e lasciar perdere le interpretazioni.

Molto spesso, mentre descriviamo ciò che ci è successo... istintivamente giudichiamo. E che succede allora? Che l'altra persona si sente attaccata e si mette subito sulla difensiva. Per questo ti invito a raccontare cosa ha fatto l'altro in modo neutro, come se fossi un narratore esterno.

Attieniti ai fatti: cosa è successo che ti ha dato fastidio? Quante volte si è verificato? Separa i fatti che vedi dalle valutazioni che ti vengono in mente. È fondamentale osservare con chiarezza quello che vediamo senza mescolare a esso alcuna interpretazione.

Esempi di osservazione mescolata alla valutazione: "Non vali niente come padre", "Sei troppo disordinato". Nota come queste stesse frasi cambiano quando si separa l'osservazione dalla valutazione: "Avevi promesso di aiutare tua figlia a fare i compiti e non lo hai fatto"; "Hai archiviato le bollette non in ordine cronologico".

Oppure immagina che il tuo capo ti aggredisca dicendoti: "Sei un incapace! Non ci si può proprio fidare ti te! Sei la rovina di quest'azienda!". In questo caso sei tu ad essere aggredito. Cosa gli rispondi?

Supponiamo che tu gli dica: "Come ti permetti? In questi anni ho fatto sempre bene il mio lavoro. Sono stato sempre corretto e disponibile. Sei tu che non mi apprezzi abbastanza!".

Impostata in questo modo la discussione potrebbe continuare per molto tempo, con voi due che vi insultate a vicenda. La cosa più opportuna da fare è chiedere allora al tuo capo: "Qual è il problema? Cosa ho sbagliato? Cosa posso fare per rimediare?". Con questo diverso approccio riuscirai a risolvere il conflitto e a trovare una soluzione.

In questo consiste l'approccio assertivo: ogni volta che si esprime un parere, si fa una critica o si chiedono informazioni, bisogna attenersi al reale, essere concreti e razionali lasciando da parte le interpretazioni dei fatti.

SEGRETO n. 3: essere assertivi significa che ogni volta che si esprime un parere, si fa una critica o si chiedono informazioni, bisogna attenersi al reale, essere concreti e razionali lasciando da parte le interpretazioni dei fatti.

Regola n. 4: Parlare di se stessi e rispettare l'altro.
Quando parli, mantieni sempre l'attenzione su di te. Parla in prima persona. Esprimi quello che Tu pensi, quello che Tu senti. Soprattutto se tu e l'altro state affrontando argomenti su cui siete in disaccordo. Parla in prima persona. In questo caso ti assumi la responsabilità dei tuoi sentimenti e bisogni.

Se la conversazione è piacevole, puoi spostare l'asse dell'attenzione sull'interlocutore. Se dici alla persona: "Ma che bravo! Hai fatto un magnifico lavoro!", chiaramente non corri alcun rischio, anzi. In questo caso parlare dell'altro porta solo effetti positivi.

Se invece la discussione è "critica", parla esclusivamente in prima persona. Viceversa, se parli dell'altro, lui/lei potrebbe passare immediatamente al contrattacco. È questo il pericolo che corri se sposti la conversazione sull'altro.

Per cui evita di dire: "Mi hai deluso perché *tu* non sei venuto ieri sera". Con questo modo di esprimerti scarichi il senso di colpa sull'altro. Ti consiglio quindi di dire: "Sono rimasta delusa ieri sera quando non sei venuto perché *io* avrei voluto parlarti di qualcosa che mi preoccupa".

Allo stesso modo dirai: "Sono triste" piuttosto che dire: "Mi fai stare male". Dimentica il "tu" umiliante. Non giudicare, non incolpare nessuno. Rispetta sempre la persona di fronte a te. Per cui evita:

- le accuse: "Sei un egoista"; "Non te ne importa niente degli altri";
- le offese: "Sei un disastro!", "Come al solito non ne fai una giusta!", "Puoi collegare il cervello prima di parlare?", "Mi fai cadere le braccia a terra"; "Sei capace solo di creare

problemi";
- le congetture ("Ti comporti così per farmi un dispetto...");
- le diagnosi psicologiche: ("So che stai cercando di superare un trauma dell'infanzia").

Tieni sempre a mente che ci sono parole e frasi "killer" che hanno il potere di "ammazzare" letteralmente il dialogo con l'altra persona. Per non sbagliare le parole da usare, fai la prova del nove.

In altri termini chiediti: "Come reagirei io se qualcuno mi parlasse in questi termini?", "Come dovrebbe rivolgersi a me una persona perché io possa accettare ciò che mi dice?".

Scommetto che non ti piace essere attaccato, insultato o preso in giro. Bene, allora ricordatene quando critichi qualcuno. E regolati di conseguenza. Elimina dalla comunicazione tutto ciò che può risultare ostile e non rispettoso.

Usa parole semplici in modo che la persona ti capisca.
Sii breve. Niente sermoni di un'ora! Abbi pietà di lui! Ricorda

che molte persone non riescono ad ascoltare a lungo. Magari seguono qualche parola all'inizio ma poi pensano ad altro. Per questo motivo ti invito ad essere sintetico e ad andare subito al punto.

Riepilogando, evita di parlare dell'altra persona. La conversazione potrebbe degenerare da un momento all'altro. Se parli in prima persona l'altro non si sentirà attaccato. L'atmosfera rimarrà serena. Eviterai inutili litigi.

Regola n. 5: Focus sul risultato (e non sulle intenzioni).
Come si fa a stabilire se una comunicazione è efficace? Semplice, in base al risultato. Nella comunicazione non contano le buone intenzioni, cioè ciò che volevi comunicare. Conta solo il risultato, cosa è arrivato all'altro.

Voglio che questa convinzione diventi parte integrante del tuo modo di pensare. È fondamentale. Quindi te lo ripeto: non contano le buone intenzioni. Contano solo i risultati. Conosci quel vecchio adagio che dice: "La strada per l'inferno è lastricata di buone intenzioni"?. Bene, tienilo a mente. Ti servirà per concentrarti sul risultato della comunicazione.

Credi che qualcuno potrà leggerti nel pensiero e nel cuore e vedere la tua buona fede? L'unica cosa importante è ciò che arriva alla persona di fronte a te. Nella comunicazione non vale ciò che in buona fede volevi comunicare. Conta solo il messaggio finale.

Immagina ad esempio di voler dare un consiglio disinteressato a una persona a te cara. Hai le migliori intenzioni del mondo. Desideri il suo bene. Però durante la conversazione qualcosa va storto e finisci con l'offenderla.

In tutta onestà, dimmi: quella persona ti ringrazierà per il tuo interessamento? Molto probabilmente no, perché ciò che ricorderà sarà la tua offesa e non certo la tua buona intenzione. In definitiva: verifica sempre il risultato. Concentrati solo su quello e dimentica tutto il resto.

Regola n. 6: Se le cose non funzionano, cambiare strategia.
Hai appena imparato a badare solo al risultato. Allora diligentemente verifichi che effetti ha avuto sull'altro la tua

comunicazione. E ti rendi conto che qualcosa non ha funzionato. Cosa fai? È qui che cascano quasi tutti!

Molti ripetono semplicemente le stesse cose. Ma questa non è la strategia dei comunicatori eccellenti. Anzi, più in generale, non è la *forma mentis* delle persone che hanno raggiunto l'eccellenza nel loro campo, qualunque esso sia.

Ecco cosa ne pensa una persona di eccezionale ingegno quale Albert Einstein: "Non possiamo pretendere che le cose cambino, se continuiamo a fare le stesse cose".
Pertanto, se qualcosa non ha funzionato e ciò che è arrivato all'altro non è ciò che volevi comunicare, cambia tattica. Fai lavorare la fantasia. Devi fare qualcosa di diverso finché non ottieni la risposta che vuoi.

E se anche la nuova strategia non dovesse sortire l'effetto sperato? Sai già la risposta: cambia ancora finché non raggiungi l'obiettivo desiderato. In definitiva, dopo il piano A, predisponi un piano B, C, D... fino alla Z se necessario.

Conosci il motto di Thomas Edison, l'inventore della lampadina? "Non mi scoraggio perché ogni tentativo sbagliato scartato è un altro passo avanti". Tutti noi siamo in debito verso Edison, verso la sua determinazione. Egli non si è certo arreso al primo tentativo andato male. E nemmeno al secondo. E neppure al terzo.

Ha resistito. Ha guardato lontano, molto lontano. Ha continuato a provare e provare, senza mai abbattersi. E alla fine ci è riuscito: ha illuminato il mondo. Tutti noi dobbiamo essergli grati. Senza la sua determinazione forse oggi saremmo ancora al buio.

È questa la *forma mentis* dei comunicatori eccellenti: cambiare strategia e non arrendersi fino al raggiungimento della meta. E vale anche per la comunicazione.

SEGRETO n. 4: le regole della comunicazione efficace e antilite sono: 1) diventare consapevoli della propria comunicazione; 2) evitare il silenzio e parlare in modo chiaro; 3) descrivere i fatti e lasciar perdere le interpretazioni; 4) parlare di sè stessi e rispettare l'altro; 5) focus sul risultato; 6) se le cose non funzionano cambiare strategia.

Lo schema della comunicazione assertiva.

Abbiamo analizzato quali sono i tipici comportamenti umani durante una discussione (passivo, aggressivo, assertivo). Chiaramente, come avrai già capito, io ti consiglio di adottare lo stile assertivo. Anzi sono qui apposta per farti diventare una persona assertiva.

Perché diventare assertivi? Mettiamo ad esempio che tendi a comportarti da "giustiziere", cioè in modo aggressivo. In fin dei conti ti fai rispettare.

Dunque, perché dovresti cambiare? Pensaci un attimo: criticare, rimuginare, brontolare o scagliarsi contro gli altri richiede un'immensa energia. Vincere dopo aver combattuto una battaglia all'ultimo sangue non è una buona idea. È una guerra che ti lascia comunque stremato.

Voglio invece che impari a vincere senza combattere. Ci guadagnerai sicuramente in salute. Non sarai più schiavo dei tuoi attacchi di collera che, lo abbiamo detto tante volte, sono dannosi per la tua persona.

So che ora mi chiederai: "Ma nella pratica come si fa a diventare assertivi?"; "Cosa bisogna fare per esprimere le proprie idee rispettando gli altri e senza litigare?" Seguimi con attenzione.

Ora ti spiego come impostare una discussione in modo da affermare le tue idee senza litigare e rispettando l'altra persona. Dopo aver imparato a memoria le regole della comunicazione efficace, ecco i passi da fare tutte le volte che vuoi discutere con qualcuno:

1)   definire l'obiettivo
2)   scegliere luogo e momento
3)   focus sull'argomento scelto
4)   attaccare il problema
5)   ascoltare attivamente
6)   mostrare comprensione
7)   guidare l'altro

Vediamole una a una:

1) Definire l'obiettivo della conversazione

Immagina di aver bisogno di parlare con qualcuno. Cosa fai? Segui semplicemente il tuo istinto e va da lui? Pensi di improvvisare sul momento semplicemente dicendo ciò che ti verrà in mente? Se la tua risposta è sì... da coach ti dico: Fermati! È un grosso errore!

Evita di andare a parlare con qualcuno senza aver prima riflettuto su cosa dire. Prima di affrontare qualunque conversazione chiediti sempre:
- Perché vado a parlare con lui/lei?
- Quale risultato voglio ottenere?

Definire l'obiettivo *prima* del dialogo è fondamentale.

Ti potrà sembrare scontato... ma non lo è. Devi sapere che molte conversazioni sono insoddisfacenti proprio perché le persone non sanno cosa vogliono ottenere da un confronto. Rifletti bene sia su ciò che vuoi *ora*, nell'immediato, e sia su ciò che vuoi in *futuro*.

Chiediti:
- Cosa voglio ottenere *subito*, alla fine di questa conversazione?

- Cosa voglio ottenere nel lungo periodo, riguardo l'intera relazione?

Cosa significa in pratica? Immagina di volere subito un certo risultato. Se desideri ardentemente qualcosa potresti anche diventare aggressivo. Così facendo è possibile che adesso ottieni ciò che vuoi. Ma se, pur di raggiungere il tuo obiettivo, aggredisci l'altro, distruggi la relazione.

Oppure potresti tenere molto a conservare la relazione, non solo a raggiungere subito un certo risultato. Chiaramente, l'obiettivo a lungo termine influisce su quello a breve termine. Infatti, se vuoi mantenere intatto il rapporto con l'altro, avrai un comportamento più soft. Starai più attento alle parole. Sarai più aperto, più disponibile ad arrivare a un accordo. Quindi: prima di parlare con qualcuno definisci l'obiettivo a breve e a lungo termine.

C'è anche un'altra cosa da fare prima di discutere con qualcuno. Se vuoi proporre qualcosa, chiediti: "che vantaggi avrà l'altro ad accettare?", "come posso rendere invitante la mia proposta?".

Nelle relazioni win-win entrambi guadagnano qualcosa. Per creare queste relazioni abituati a trovare dei benefici da dare all'altra persona. Sii generoso: abituati a dare. Non limitarti solo a ricevere. Viceversa, se prendi e basta, la relazione è del tipo io vinco-tu perdi. Una relazione squilibrata, instabile, fonte di conflitti.

2) Scegliere luogo e momento
Bene, hai definito l'obiettivo. Però prima di iniziare la discussione è opportuno che tu faccia una piccola verifica.

Domandati: è il momento giusto per parlare con quella persona? Scegli una situazione in cui la persona è libera da altri impegni e può dedicarti del tempo. Poi chiediti: tu e l'altro sarete soli? Evita di discutere con qualcuno in pubblico. Per cui scegli un luogo in cui ci sarete solo tu e il diretto interessato.

3) Focus sull'argomento scelto
Dopo aver definito l'obiettivo e aver verificato che il momento e il posto sono quelli giusti per parlare… rompi gli indugi. Vai dal diretto interessato e parlagli. Attenzione! Parla *solo* di quel

problema.

Cosa accade infatti molto spesso? Che prima dell'incontro si fissa diligentemente l'argomento della discussione. Ma poi durante la conversazione si finisce con il parlare a briglia sciolta... si divaga... e magari vengono tirate fuori altre cose rimaste in sospeso.

Per cui ricorda: se hai deciso di parlare di A, mantieni la discussione su A. Se è l'altro a divagare, riportalo in carreggiata con frasi come: "Ci stiamo allontanando dalla questione", "Quest'argomento non è rilevante ora" e riprendi l'argomento principale. Durante la conversazione concentrati solo sui fatti oggettivi.

4) Attaccare solo il problema (e non la persona)
Hai imparato che devi concentrarti solo sui fatti, sui comportamenti. Pertanto se ti concentri solo sui fatti ti verrà naturale rispettare un'altra regola fondamentale: *non* attaccare mai le persone. Attacca *solo* il problema.

Parla in prima persona, evita accuse, congetture. Questa deve essere la tua strategia, d'ora in poi. Come abbiamo già detto, fai rispettare le tue idee e rispetta sempre la persona che hai di fronte. La persona assertiva riesce saggiamente a distinguere il piano della relazione da quello dei contenuti.

5) Ascoltare attivamente
L'assertivo è sempre molto attento a quello che dice l'altra persona. È così che riesce a dire la cosa più giusta in quel preciso momento. Per diventare assertivo devi imparare ad ascoltare attivamente e con empatia.

Tieni sempre a mente che ciascuno ha una sua mappa del mondo. Il tuo compito è comprendere questa mappa. E puoi riuscirci solo se ascolti attivamente l'altro. Abbiamo già parlato tanto di come si fa ad ascoltare attivamente. Non mi soffermerò pertanto sull'argomento. Ti invito a rileggere ancora il capitolo "Come ascoltare per non litigare".

In estrema sintesi, ti ricordo che è fondamentale fare domande e riformulare quanto il tuo interlocutore ha detto per essere sicuri di aver capito il suo messaggio.

6) Mostrare comprensione e collegare i punti di vista
Hai ascoltato attivamente la persona di fronte a te. Ti sei reso conto che avete idee diverse. Eh, già, ora viene il bello!

Se dici "No, non è vero, non è così, stai sbagliando...", beh, ci sono buone, anzi ottime possibilità di scatenare un litigio. Per cui la prima cosa da fare è evitare di attaccare l'altro.

Al contrario devi cercare di andargli incontro. Entra nella sua mappa. Mostrati comprensivo e unisci il suo punto di vista al tuo. Crea un "ponte" tra i vostri due mondi.

Ora mi chiederai: "Ma se non sono d'accordo, che faccio? Devo dire per forza: "Si, hai ragione", anche se non lo penso? No, sia chiaro: trasmettere comprensione *non* significa che devi dire "hai ragione" se non sei effettivamente d'accordo con l'altro.

Abbiamo detto che l'assertivo esprime sempre le proprie idee e le proprie sensazioni. Per cui non devi dire cose che non pensi.

Ad esempio: io ti dico: "il risotto che fanno da X... è il migliore del mondo!". Tu invece hai sperimentato molti altri ristoranti e non sei d'accordo con me. Quindi, se mi rispondi: "hai perfettamente ragione: il risotto che fanno da X... è il migliore del mondo" non ti stai comportando in modo assertivo.

Per mostrare comprensione e creare empatia usa espressioni come: "Capisco/comprendo/mi rendo conto che/è vero che" e usa le stesse parole che ha usato lui. Questa tecnica si chiama "ricalco verbale".

Esprimersi in questo modo significa aver capito molto bene che la mappa dell'altro è ben diversa dalla propria e che mappe diverse possono benissimo coesistere.

7) Guidare l'altro

Dopo aver capito la mappa dell'altro e aver creato un ponte tra voi, è arrivato il momento di affermare le tue idee. In questa fase devi portare l'altro nel tuo mondo. Prima sei stato tu a fare il primo passo e ad andare verso di lui. Ora fagli comprendere il tuo punto di vista. Fallo entrare nel tuo mondo.

Nell'esempio di prima del risotto, se tu mi dici "Al locale X fanno il miglior risotto del mondo" e io non sono d'accordo, ti dirò: "È vero che il risotto che fanno da X è buono ed è anche vero che quello che fanno da Y è altrettanto buono". In questo modo i due concetti vengono messi in parallelo, hanno pari dignità.

Attento a come unisci la frase di ricalco e quella di guida. Evita assolutamente le congiunzioni avversative come "ma", "però" che cancellano tutto ciò che è stato detto prima.

Nel momento in cui dici "Capisco il tuo punto di vista… ma", la persona si concentrerà solo sulle parole che pronunci dopo quel fatidico "ma". E penserà "Ohi, ohi, sta per contraddirmi…". Probabilmente si metterà sulla difensiva e comincerà già a pensare a come ribattere. In altre parole: lo hai perso per strada, non ti sta più ascoltando.

Per evitare tutto questo, al posto di "ma", "però", usa "e", "è anche vero che", "ed è proprio per questo che".

SEGRETO n. 5: lo schema della comunicazione assertiva si

articola in 7 passi: 1) definire l'obiettivo; 2) scegliere luogo e momento; 3) focus sull'argomento scelto; 4) attaccare il problema; 5) ascoltare attivamente; 6) mostrare comprensione; 7) guidare l'altro.

RIEPILOGO DEL CAPITOLO 5:

- SEGRETO n. 1: le persone aggressive si fanno rispettare ma distruggono le relazioni e non sanno gestire la rabbia. Le persone passive non si fanno rispettare, accumulano rabbia e con il loro silenzio rovinano le relazioni.
- SEGRETO n. 2: essere assertivi significa essere capaci di esprimere in modo chiaro e immediato le proprie idee e i propri bisogni, rispettando quelle dell'altro e senza farlo sentire attaccato.
- SEGRETO n. 3: essere assertivi significa che ogni volta che si esprime un parere, si fa una critica o si chiedono informazioni, bisogna attenersi al reale, essere concreti e razionali lasciando da parte le interpretazioni dei fatti.
- SEGRETO n. 4: le regole della comunicazione efficace e anti-lite sono: 1) diventare consapevoli della propria comunicazione 2) evitare il silenzio e parlare in modo chiaro; 3) descrivere i fatti e lasciar perdere le interpretazioni; 4) parlare di sè stessi e rispettare l'altro; 5) focus sul risultato; 6) se le cose non funzionano cambiare strategia.
- SEGRETO n. 5: lo schema della comunicazione assertiva si articola in 7 passi: 1) definire l'obiettivo; 2) scegliere luogo e

momento; 3) focus sull'argomento scelto; 4) attaccare il problema; 5) ascoltare attivamente; 6) mostrare comprensione; 7) guidare l'altro.

Conclusione

Mio caro amico, siamo arrivati al termine del nostro viaggio. Riassumiamo il cammino fatto insieme. Abbiamo visto che per prevenire i litigi è necessario prima di tutto cambiare mentalità. Da qui l'importanza di fare proprie certe convinzioni potenzianti.

Hai imparato come gestire la rabbia e trasformarla in energia positiva. Poi hai capito che è fondamentale ascoltare attivamente e fare le domande giuste per evitare equivoci e incomprensioni. Infine hai imparato come discutere e farti rispettare senza litigare. Complimenti! Ne hai fatta di strada. Sono molto orgogliosa di te.

Hai intrapreso un percorso di crescita che trasformerà le tue relazioni e la tua vita, perché sarai sempre più flessibile, comprensivo, emotivamente più forte ed equilibrato. Diventerai un comunicatore sempre più efficace e abile nel prevenire e risolvere i conflitti.

Comprendi da solo che il libro è solo il primo passo del tuo percorso. Il mio cammino è cominciato vent'anni fa e continua ancora oggi.

Ho letto centinaia di libri, ho conseguito un master universitario in formazione, un master in Coaching e Pnl e la relativa certificazione internazionale di Life Coach e Coaching di assertività.

Leggo, studio, mi aggiorno di continuo. Ma soprattutto, faccio moltissima pratica. Perché senza applicazione pratica, ogni tecnica che trovi nei libri è perfettamente inutile. Voglio che questo ti sia ben chiaro, per onestà intellettuale.

Io desidero il meglio per te. Ed è per questo che ti chiedo di far tesoro di tutto quello che hai imparato e di proseguire il tuo cammino. Non fermarti proprio ora!

Hai investito il tuo tempo, le tue energie e i tuoi soldi per arrivare fin qui. Sarebbe un vero peccato se tu ti fermassi. Getteresti via tutto il lavoro che hai fatto finora.

Ti invito a mettere in pratica ciò che hai imparato. Non ho scritto questo libro per riempire un'elegante libreria o la memoria di un Pc/Kindle. Assolutamente no.

Ho scritto questo libro per aiutarti *realmente* a farti vivere la vita che desideri e in armonia sia con le persone che ami sia con quelle che, giocoforza, sono comunque presenti nella tua vita (ad esempio capi, colleghi).

Ti chiedo quindi un po' di impegno, ogni giorno, per applicare le strategie che hai letto. Io sono ancora al tuo fianco, pronta ad aiutarti. Per me è stato un piacere e un onore essere il tuo coach e sarò felice di esserlo ancora se lo vorrai. Rimaniamo in contatto! Come?

È semplice: vai a questo link https://formatt.lpages.co/optin/ lasciami la tua email e ti invierò subito il test "Sai farti valere senza litigare?" e tutti i futuri aggiornamenti.

Clicca "Mi Piace" sulla mia pagina Facebook "Basta Litigare": https://www.facebook.com/metodo.bastalitigare/.

Puoi anche inviarmi un messaggio attraverso la mia pagina o puoi scrivermi alle caselle info@bastalitigare.com o bastalitigare@gmail.com. Sarò contenta di interagire con te.

E se questo libro ti è piaciuto, per favore vai su Amazon e lasciami una recensione a 5 stelle.

Ti abbraccio e Buona vita… senza litigi!
Loana Loscialpo

www.ingramcontent.com/pod-product-compliance
Lightning Source LLC
Chambersburg PA
CBHW070442090426
42735CB00012B/2439

"This book's research and presentation are amazing. And to link it all to one man's diary makes it a fascinating read. The history of the immigrant population in America and the country's very poor handling of underclass immigrants raises essential issues about the drive for success with little concern for the underprivileged. It's a timeless story of continuing relevance to immigrant challenges in our own day."

—NORMAN HUTCHESON,
minister, Church of Scotland

"A thought-provoking book sprinkled throughout with in-depth, vivid details about the innermost thoughts of an immigrant. Daniel Pawley's command of language and phrasing is greatly appreciated in applying relatable insights into an otherwise academic subject. I found myself going back, re-reading, and thinking about my own experiences as an immigrant. This is a book to read and read again."

—ELIZABETH ALLEN,
international concert pianist

"The author draws attention to the experience of immigrants in America and the hardships of their lives. He reflects on what it meant—and means—to leave a familiar world behind and set out for an unknown land. Contemplative and discursive, this book, in drawing on the life of one quiet-living man, ponders the question of human destiny. In the end, though, is silence, the silence of God. Daniel Pawley has a novel take on his subject in that he himself is an immigrant, as extracts from his own diary illustrate, in the book's epilogue."

—JAMES PATRICK,
minister, South Africa

"The epilogue was my favorite part as the author responds to the Norwegian's diary of a hundred years ago with sections of his own personal diary. But really the entire book, which weaves threads of immigrant stories involving struggle, home, racial issues, church life, and the 'American Dream,' have helped me think about my own immigrant journey across three cultures toward eventually becoming an American citizen. There is much to savor here about leaving and finding home as seen through the eyes of an immigrant from a century ago."

—HEATHER CADY,
spiritual director

"America may be about many things, but any kind of a prevalent, monolithic spiritual place is not one of them. As Daniel Pawley writes, 'Indeed, if that place once existed, it doesn't anymore, even though in the past it endeavored to present itself as such. Many immigrants experienced this harsh truth first-hand, crushed by the realities of industrial capitalism which left little time for spiritual and intellectual betterment.' As this book clearly and elegantly shows, a large part of the American story was about impersonal materialistic gain accompanied by disappointment, doubt, and personal despair."

—FLORBELA VEIGA FRADE,
author of *As Comunidades Sefarditas e a Nacao Portuguesa de Antuerpia, Seculos XVI–XVII*

"This is a fascinating look at the historical and cultural contexts of the late nineteenth and early twentieth centuries in America, especially if your Norwegian ancestors arrived during that time, as mine did. Ollis' story gives Daniel Pawley a framework to explore broader topics about America at that time, such as labor, religion, the media, racism, and philosophy, in addition to offering 'lingering questions' raised by the diary. An immigrant to Portugal since 2016, Pawley also turns the lens on himself, refocusing the historic narrative with a bridge to current-day immigration topics."

—ANDREW WIND,
local news editor, *The Courier*